4차 산업혁명, 교육이 희망이다

• 이 책에 사용된 도판은 모두 저작권자의 동의를 얻어 수록된 것입니다. 일부 저작권자를 찾지 못한 도판은 확인되는 대로 통상의 사용료를 지불하겠습니다.

4차 산업혁명, 교육이 희망이다

초판1쇄 발행 2017년 7월 7일
초판9쇄 발행 2019년 5월 3일

지은이 류태호
펴낸이 조인원
펴낸곳 경희대학교 출판문화원
주소 서울시 동대문구 경희대로 26
전화 02-961-0106~8, 팩스 02-961-0291
설립 1960년 9월 16일 제5-8호
등록 1977년 11월 8일 제6-5호
홈페이지 www.khupress.com
전자우편 press@khu.ac.kr

ISBN 978-89-8222-567-3 (93370)

4차 산업혁명 교육이 희망이다

교사, 학부모, 학생을 위한 미래 교육 길잡이

류태호 지음

경희대학교 출판문화원

차 례

Part 3 학습혁명의 시대, 우리는 어떻게 배울까

프롤로그
미래로 떠나는 교육 여행

가보지 못한 미래는 불확실성으로 우리를 늘 불안하게 한다. 그 불확실성과 불안을 기대와 설렘으로 바꿀 수 있다면 미래로 가는 길이 마냥 두렵지만은 않을 것이다. 제4차 산업혁명으로 가는 길도 마찬가지이다. 거세게 몰아닥친 변화의 바람이 우리를 끝내 어디로 데리고 갈지 확실히 아는 이는 아무도 없다. 제4차 산업혁명이 가져올 변화를 미리 들여다보는 것은 그래서 더욱 중요하다. 현존하는 710만 개의 일자리가 사라질 것이라는 고용 불안에 대한 전망까지 나오고 있는 가운데 우리는 우려와 걱정 속에 실낱같은 희망과 두려움으로 뒤범벅된 채로 제4차 산업혁명 시대로 나아가는 길 한가운데 서 있다.

그렇다고 미래가 단순히 막연하기만 한 것은 아니다. 제4차 산업혁명으로 가는 길에는 수많은 힌트가 놓여 있다. 그 힌트를 찾아 하나하나 조각을 맞추어 나가다 보면 그 시대가 어떤 모습일지 미리 들여다볼 수 있다. 미래를 보여주는 마법사의 수정구처럼 독자들도 이 책을 통해 제4차 산업혁명이 가져올 변화를 미리 들여다볼 수 있기를 바란다.

특히 이 책은 제4차 산업혁명이 가져올 다양한 변화 가운데서도 교육에 주목한다. 그리고 지금 우리가 어떤 준비를 해야 하는지 귀띔해준다. 교육에 일어날 변화를 미리 알고 준비하는 것은 어쩌면 선택이 아니라 필수라 할 수 있다. 제4차 산업혁명 시대의 핵심은 바로 사람이기 때문이다. 미국이나 영국이 제4차 산업혁명을 주도할 수 있었던 이유는 무엇보다 교육에 있다. 암기 위주의 수업 방식을 일찍부터 지양하고 토론식 수업을 통해 창의적이고 혁신적인 인재를 양성해온 결과 제4차 산업혁명의 주요 기술들이 대부분 미국이나 영국에서 시작될 수 있었던 것이다. 일견 얼토당토않아 보이는 의견에도 귀를 기울이고 개인의 개성과 생각을 중시하며, 실패를 두려워하지 않고 지속적으로 도전할 수 있도록 지원하는 교육 방식은 미국과 영국이 21세기형 인재를 확보하는 데 훌륭한 밑거름이 되었다. 제4차 산업혁명을 대표하는 기술을 탄생시킨 창의적 사고와 혁신적 아이디어는 바로 이러한 자유로운 교육 방식에서 나온 것이다.

제4차 산업혁명 시대에는 사물인터넷(Internet of Things : IoT)과 인공지능(AI), 머신러닝(Machine Learning), 가상현실(VR)과 증강현실(AR), 3D 프린팅과 융복합, 생명공학과 바이오 등 핵심적인 과학 기술이 학습 과정에 그대로 적용되어 지금과는 전혀 다른 모습으로 교육이 진행될 것이다. 따라서 제4차 산업혁명 시대에 교육이 변화하는 방향과 실제 모습을 살펴보고 작금의 교육 방식과 패러다임을 되돌아보는 시간이 필요하다.

2016년 1월 세계경제포럼에서는 다가올 제4차 산업혁명 시대에 인재가 갖춰야 할 역량을 다음과 같이 꼽았다. 즉 복합 문제 해결 능력, 비판적 사고 능력, 창의력, 인적 자원 관리 능력, 협업 능력, 감성 능력, 판단 및 의사 결정 능력, 서비스 지향성, 협상 능력, 인지적 유연력 등이다. 이러한 역량을 고루 갖춘 인재를 양성하기 위해서는 지금과 같은 교실 수업만으로는 한계가 있다.

무엇보다 제4차 산업혁명 시대는 우리가 살아갈 미래이기도 하지만 근본적으로 우리 아이들이 살아갈 미래이다. "미래는 오늘 준비하는 사람의 것이다(The future belongs to those who prepare for it today)"라는 흑인 인권운동가 맬컴 엑스(Malcolm X, 1925~1965)의 말처럼 오늘 우리가 준비하는 제4차 산업혁명이라는 미래는 우리 자신은 물론 다음 세대를 위한 일이 될 것이다. 맬컴 엑스의 말을 한번 뒤집어 생각해보자. 즉 오늘 준비하지 않는 사람에게 미래는 없다. 아주 작은 발걸음일지라도 미래를 준비하는 첫걸음을 떼는 것이 지금 바로 필요하다.

시쳇말로 인생이란 긴 경주에서 좋은 친구는 결승선에서 밝은 미소로 환하게 웃으며 두 팔 벌려 기다려주는 친구가 아닐 터이다. 출발선부터 결승선까지 모든 과정을 함께하며 옆에서 묵

묵히 같이 뛰며 중간에 포기하지 않고 완주할 수 있도록 곁에 있어주는 친구가 좋은 친구가 아닐까. 이 책이 우리가 제4차 산업혁명이라는 거대한 파도에 맞서 준비해가는 여정에 늘 함께하는 친구이자 길라잡이가 되길 바란다.

PART 1

제4차 산업혁명, 무엇이 어떻게 바뀔까

눈앞에 닥친 변화의 물결

지난 2016년 1월 스위스 다보스에서 열린 세계경제포럼(World Economic Forum)*에서 제4차 산업혁명이라는 말이 처음 소개되었다. 이후 이 말이 전 세계를 뜨겁게 달구고 있다. 세계 각국은 제4차 산업혁명이 가져올 변화에 대비하기 위해 다양한 정책과 기술 개발 계획을 앞다퉈 발표하고 있다. 제4차 산업혁명 시대에 우위를 차지하고자 치열한 경쟁을 펼치는 것이다.

세계경제포럼의 창립자이자 회장인 클라우스 슈바프(Klaus Schwab)가 2015년 12월 미국의 국제정세 전문 잡지 《포린 어페어스(Foreign

* 저명한 기업인, 학자, 정치가, 저널리스트 등이 참여하는 최대 규모의 국제 민간 회의로 매년 스위스 다보스에서 개최되어 일명 '다보스포럼'으로 불린다. 2016년 1월에 열린 세계경제포럼 연차총회에서 포럼의 창립자이자 회장인 클라우스 슈바프는 사상 처음으로 과학기술 분야를 의제로 선택했고, 이후 포럼에서는 디지털혁명을 기반으로 21세기에 이르러 시작된 제4차 산업혁명이 가져올 변화와 인류가 마주하게 될 기회와 도전 과제를 깊이 있게 논의했다.

Affairs)》에 기고한 내용에 따르면, 제4차 산업혁명이란 물리적(Physical) 영역, 디지털(Digital) 영역, 생물학(Biological) 영역의 경계가 허물어지는 융복합 산업혁명을 말한다. 제4차 산업혁명 시대에는 인공지능(AI)을 장착한 로봇이 우리 일상 속에 들어와 함께 생활하게 된다. 사람들은 무인 자동차인 자율주행자동차를 타고 다니고, 그로 인해 더 이상 교통체증으로 시달리는 일도 일어나지 않는다. 또한 유비쿼터스(Ubiquitous) 기술과 사물인터넷(Internet of Things : IoT)*이 널리 보급되어 언제 어디서든 와이파이를 이용해 인터넷에 접속할 수 있을 뿐 아니라 3D 프린팅 기술의 발달로 필요하다면 신체 조직도 복제할 수 있게 된다. 이러한 기술혁신은 과학이나 기술뿐 아니라 정치, 경제, 문화 등 사회 전반에 엄청난 속도로 가공할 변화를 가져오고 있다.

대기업이든 중소기업이든 1인 창업 기업 할 것 없이 제각기 제4차 산업혁명 시대에 재빨리 대응하기 위한 방안을 마련하는 데 모든 노력을 기울이는 것도 어쩌면 당연한 일이다. 설상가상으로 세계경제포럼은 '일자리의 미래(The Future of Jobs)' 보고서를 발표하며 2020년까지 선진국에서 710만 개 일자리가 사라질 것이라고 전망했다. 고용 절벽에 대한 불안은 긴장감을 넘어 두려움

* 인터넷을 기반으로 모든 사물을 연결하여 사람과 사물, 사물과 사물 간의 정보를 상호 소통하는 지능형 기술 및 서비스를 말한다. 키를 가지고 접근하면 자동차 문의 잠금 장치가 자동으로 해제되고 키를 꽂지 않아도 시동을 걸 수 있는 '스마트키', 전기·가스 또는 상하수도를 포함한 에너지를 효율적으로 관리하는 '스마트그리드' 등이 이미 일상에서 활용되고 있다.

마저 불러일으키고 있다.

그런데 사실 인류에게 닥친 산업혁명*이 이번이 처음은 아니다. '제4차'라는 말에서 알 수 있듯이 인류는 이미 지난 세기에 세 번의 산업혁명을 경험했다. 더욱이 인류가 받은 충격의 크기만 따지면 18세기 말에 겪은 제1차 산업혁명이 단연코 1위를 차지할 것이다. 인류 역사상 줄곧 생산의 주체였던 사람의 노동력을 처음으로 기계가 대체하는 순간이었기 때문이다. 증기기관의 발명이 가져온 충격의 파장은 그만큼 컸다.

특히 제1차 산업혁명의 발상지인 영국에서 베틀로 직물을 짜던 가내수공업 노동자들에게 증기기관이라는 신기술은 자신들의 삶을 송두리째 빼앗는 위협으로 여겨졌다. 결국 이들은 러다이트(Luddite)*, 곧 신기술 반대자로 돌변해 증기기관으로 운영되던 면직 · 방직 공상을 불태우고 폭동을 일으키며 거세게 저항하기도 했다. 이후 제1차 산업혁명은 유럽의 여러 나라와 미국 등으로 전파되며 경제뿐 아니라 정치, 경제, 사회 등 다양한 분야에 걸쳐 막대한 영향을 끼쳤다. 그야말로 천지개벽이라는 표현이 딱 들어맞는 시기였다.

---

* 18세기 중엽 영국에서 시작된 기술 혁신과 이에 수반하여 일어난 사회·경제 구조의 변혁을 말한다.

* 러다이트운동(Luddite Movement)은 1811~1817년 영국의 중부·북부의 직물 공업 지대에서 일어났던 기계파괴운동을 말한다. 산업혁명으로 직물 공업에 기계가 보급되는 한편 나폴레옹전쟁의 영향으로 경제 불황이 이어져 실업자가 증가하고 임금 체불이 성행하고 물가는 나날이 올랐다. 노동자들은 실업과 생활고의 원인을 기계 탓으로 돌려 기계 파괴 운동을 일으켰다.

19세기 영국의 공장 지대에서 일어난 기계 파괴 운동 러다이트

19세기 말 제2차 산업혁명 때에는 전기기관이 발명되어 공장에 전기가 공급되고 컨베이어 벨트를 이용한 대량생산이 가능하게 되었다. 미국의 경우, 포드 자동차 회사가 전기를 이용한 조립 설비를 구축하고 신형 자동차 'T형 포드'를 대량생산하면서 생산 단가를 절반으로 낮추었고 전구의 발명과 전기 보급으로 집집마다 밤에도 전깃불을 밝힐 수 있었다. 하지만 농촌 인구가 도시로 몰려들고 도시 노동자의 대부분이 공장 노동자가 된 반면에 노동자의 권익은 대량생산의 그늘에 가려졌다. 공장 노동자들은 공장의 부품처럼 하루 종일 단순 업무만 맡아서 하면 되었고, 언제든 누구로든 대체 가능한 상황이 되면서 실업 문제도 심각해졌다. 심지어 어린이까지 위험한 공정 단계나 독한 화학

약품을 다루는 업무를 맡게 하는 등 인권보다 대량생산이 가져다주는 장점에 더 집중함으로써 각종 사회 문제가 빈발했다.

컴퓨터와 정보 통신 기술의 발달로 생산 라인이 자동화된 20세기 말 제3차 산업혁명 때에도 비슷한 형국이 펼쳐졌다. 제조 과정이 디지털화되면서 공장에서 사람의 노동력이 담당하는 비중이 점차 줄어들었다. 컴퓨터 기술이 발달하고 공장의 각종 기기를 네트워크로 제어할 수 있게 되면서 웬만한 단순 업무는 기계가 대신하게 되었기 때문이다. 세계적인 미래학자인 미국 펜실베이니아대학교 와튼스쿨의 제레미 리프킨(Jeremy Rifkin) 교수는 저서 《노동의 종말(The End of Work)》을 통해 정보화와 디지털화로 인해 제3차 산업혁명 시대에 수많은 사람들이 일자리를 잃게 될 것이라고 경고하기도 했다.

기술 혁신은 사람들의 삶에 일대 변화를 가져왔다. 인류는 신기술이 가져올 새로운 시대의 변화에 빠르게 적응하고 일자리가 줄어드는 문제를 해결하기 위해 그때마다 홍역을 치러야 했다. 그런 면에서 지금 우리는 제4차 산업혁명이라는 또 하나의 통과의례를 치르고 있다고 할 수 있다.

문제는 제4차 산업혁명이 지난 1차, 2차, 3차 산업혁명과 근본적으로 다르다는 것이다. 지난 산업혁명이 하드웨어에 기반을 둔 기술 혁신이었다면 제4차 산업혁명은 소프트웨어에 기반을 두기 때문이다. 지난 1차부터 3차까지 산업혁명 시대에는 증기기관이나 전기기관, 컴퓨터와 정보 통신 등 각 시대를 대표하

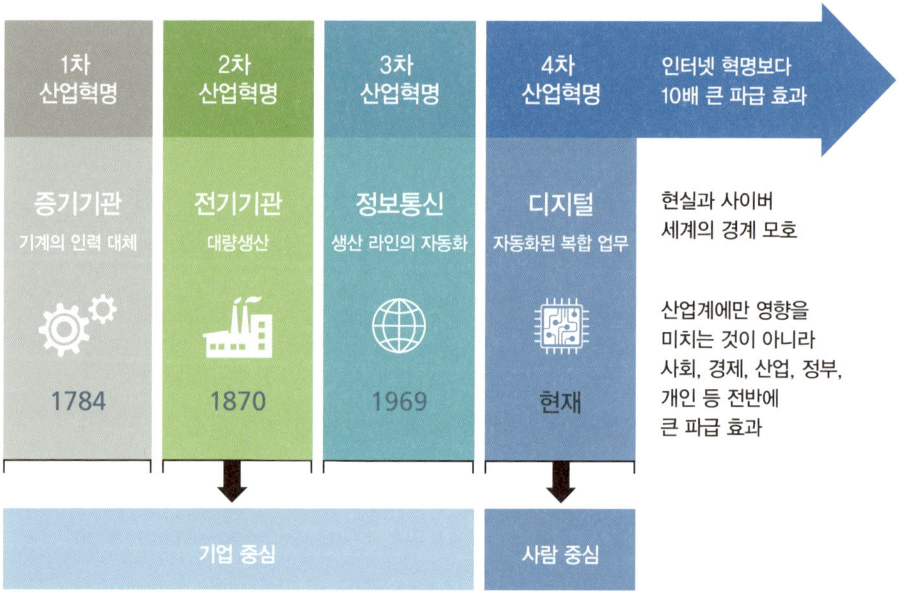
1차
산업혁명
증기기관
기계의 인력 대체
1784
2차
산업혁명
전기기관
대량생산
1870
3차
산업혁명
정보통신
생산 라인의 자동화
1969
4차
산업혁명
디지털
자동화된 복합 업무
현재
인터넷 혁명보다
10배 큰 파급 효과
현실과 사이버
세계의 경계 모호
산업계에만 영향을
미치는 것이 아니라
사회, 경제, 산업, 정부,
개인 등 전반에
큰 파급 효과
기업 중심
사람 중심

는 기술만 따라잡으면 후발 주자들도 선두 그룹에 진입하는 것이 가능했다. 하지만 소프트웨어를 기반으로 하는 제4차 산업혁명 시대에는 사물인터넷이나 빅데이터(Big Data)*, 융복합과 인공지능(AI), 생명공학과 바이오 등 제4차 산업혁명을 대표하는 분야의 기술을 따라가기에 급급해서는 밑 빠진 독에 물 붓는 격이다. 제4차 산업혁명 시대에 걸맞은 21세기형 인재를 양성하여 소프트웨어 변화를 주도해 나가지 못한다면 선두 그룹과 후발 주자의 격차는 시간이 지날수록 더 벌어지기만 할 것이기 때문이다.

거듭 이야기하지만, 지금 우리가 제4차 산업혁명 시대를 준비하면서 염두에 둘 점은 미국이나 영국이 제4차 산업혁명을 선도할 수 있었던 원동력은 기술이 아니라 바로 교육 방식에 있다는 것이다. 미국과 영국에서는 이른바 한 가지 답을 정해놓고 암기한 내용을 평가하는 것이 아니라 학생들이 수업에서 토론과 질문 과정을 통해 끊임없이 새로운 가능성을 탐구할 수 있도록 지원한다. 또한 모든 학생이 동일한 교과 과정을 이수해야 하는 우리와 달리 미국이나 영국의 학생들은 수준별 학습을 통해 과목별로 자신의 수준에 맞는 내용만 공부하면 된다. 자신이 더 잘하거나 더 관심 있는 과목에 더 많은 시간을 집중할 수 있는 것이다.

* 과거 아날로그 환경에서 생성되던 데이터에 비하면 그 규모가 방대하고, 생성 주기가 짧고, 형태도 수치 데이터뿐 아니라 문자와 영상 데이터를 포함하는 대규모 데이터를 말한다. 단순히 대용량 데이터 자체만을 지칭하는 것이 아니라 데이터를 효과적으로 처리하고 분석할 수 있는 기술에 더 초점을 둔 용어라고 할 수 있다.

제4차 산업혁명 시대에 어떤 변화가 일어날 것인지 대략 살펴보면, 우리가 왜 핵심 분야에서 이뤄질 기술 개발뿐 아니라 제4차 산업혁명 시대에 맞는 21세기형 인재를 양성하는 데 더욱 중점을 두어야 하는지 알 수 있다.

먼저 의료계에 생길 변화를 살펴보자. 인공지능(artificial intelligence : AI)이 도입되어 IBM의 왓슨(Watson)* 같은 슈퍼컴퓨터를 이용해 환자의 질병을 진단하고 처방하는 일이 가능해진다. 그뿐 아니라 개인의 식생활이나 운동 패턴, 건강 검진 기록이나 가족 병력 등 수억만 개의 의료 데이터베이스를 바탕으로 분석해 실시간으로 질병을 예방하고 건강관리를 해주는 서비스가 가능해진다. 또한 유전자 분석과 빅데이터 분석 기술이 발달함에 따라 각 개인의 유전자를 분석해 자신에게 가장 잘 맞는 약이나 치료법, 심지어 화장품까지 맞춰서 사용할 수 있게 된다. 3D 프린팅 기술을 이용해 타인의 장기가 아닌 자신의 장기를 직접 복제해 이식할 수도 있다. 의대에서 수련의 교육을 할 때에도 가상현실(Virtual Reality : VR)과 증강현실(Augmented Reality : AR)* 기술을 이용해 다양한

* 자연어 형식으로 된 질문들에 답할 수 있는 인공지능 컴퓨터 시스템. 데이비드 페루치가 주도한 IBM의 DeepQA 프로젝트를 통해 개발되었으며, 이름은 IBM의 창업자 토머스 J. 왓슨에서 따온 것이다.

* 흔히 가상현실과 증강현실을 혼동하기 쉽다. 가상현실은 자신(객체)과 배경·환경 모두 현실이 아닌 가상의 이미지를 사용하는 데 반해 증강현실은 현실의 이미지나 배경에 3차원 가상 이미지를 겹쳐서 하나의 영상으로 보여준다. 증강현실은 혼합현실(Mixed Reality, MR)이라고도 하는데, 비행기 제조사인 보잉사에서 1990년경 비행기 조립 과정에 가상 이미지를 첨가하면서 처음 세상에 소개되었다.

노동자가 산업용 증강현실 기술을 이용해 작업하고 있다.

수술 사례와 수술에서 발생할 수 있는 상황을 사실감 있게 연습할 수 있다. 이로써 의사들의 숙련도와 수술 성공률이 크게 향상될 수 있다.

산업계에도 큰 변화가 일어날 것이다. 인공지능과 빅데이터 분석 기술의 발달로 개별 소비자의 구매 패턴과 주기, 소비 성향과 기호 등을 분석한 결과를 토대로 향후 소비 전망을 예측함으로써 상품 개발 방향과 생산량을 결정하고 소비자에게 개별화된 맞춤형 상품을 타깃 광고를 통해 가장 적절한 시기에 제안하거나 배달하게 된다. 또한 인공지능과 클라우딩 컴퓨팅 기술을 이용해 회사 내 전 부서가 유기적으로 연결되어 인공지능과 빅데이터 분석을 통한 구매 전망에 맞춰 각 생산 공장에 생산량을 통보하고 원자재 수량을 자동으로 주문하는 시스템이 구축된다.

직무 교육에도 가상현실과 증강현실 기술이 도입되어 공정을 따로 암기할 필요 없이 처음 보는 기계도 숙련된 전문가처럼 사용할 수 있게 된다. 회계나 사무 및 관리 부문에서는 인력이 점차 로봇으로 대체되어 사무실이나 공장에서 일하는 사람 수가 점점 줄어들 것이다. 특히 위험한 산업 현장에서 이루어지는 작업은 전문 로봇이 진행해 인적 피해를 최소화하고, 화재 현장에도 소방 로봇이 투입되어 진화 작업을 하게 된다. 군대에도 가상현실과 증강현실 기술이 도입된다면 폭탄을 제거할 때 빨간 선과 파란 선 사이에서 고민하는 장면 같은 것은 이제 옛날 영화에서나 볼 수 있게 될 것이다.

운송 분야에서는 자율주행자동차가 도입돼 자동차 실내 공간이 사무 공간이나 엔터테인먼트를 위한 공간으로 탈바꿈하고, 자동차는 구매의 대상에서 대여의 대상으로 바뀌게 될 전망이다. 2011년 영국 국가교통조사(National Travel Survey) 자료에 따르면, 영국 내 차량 중 대부분이 하루 24시간 중 95%의 시간을 주차장에 주차된 채로 보내는 것으로 밝혀졌다. 또 세계에서 가장 큰 차량 공유 업체 우버(Uber)의 창업자인 트래비스 캘러닉(Travis Kalanick) 회장은 미국 내 차량은 이보다 많은 시간을 주차장에서 보내고 있다고 언급했다.

우리가 매일 살아가는 일상을 생각해보면 한국의 상황도 별반 다르지 않다는 것을 알 수 있다. 영업이나 운송업에 종사하지 않는

한 대부분의 개인 차량이 하루 중 상당 시간 동안 주차장에 서 있다. 그럼에도 우리는 차량 구매와 주차, 세금에 자동차보험까지 다양한 비용을 지불하고 있다. 이런 면에서 자율주행자동차의 도입은 자동차에 대한 인식을 바꿔놓을 것이다. 또한 상품 배달부터 개인 이동 수단까지 다양한 목적과 종류의 드론이 도입되어 고개만 들면 하늘을 나는 드론을 쉽게 볼 수 있을 것이다.

교육 분야에서도 학교 교육이나 직업 및 직장 교육을 막론하고 다양한 변화가 일어날 것이다. 사물인터넷(IoT)과 가상현실 및 증강현실 기술이 적용되어 우리 교실 환경은 빠른 속도로 디지털화될 것이다. 종이로 된 교과서는 점차 사라지고 학생들은 모바일 기기를 이용해 공부를 하게 된다. 간단히 버튼만 누르면 우주부터 바닷속까지 눈앞에 펼쳐져 마치 실제 우주여행을 하거나 바닷속 여행을 하듯이 현장감 있는 학습을 할 수 있다. 또 새로운 영역을 공부하고 싶을 때는 언제든 무료 번역 서비스와 무크(MOOC) 및 무료 공개 강좌(OER)를 이용해 각 분야에서 으뜸가는 세계 석학이나 전문가의 강의를 직접 들을 수 있게 된다.

학습 분석에도 빅데이터를 활용함으로써 학생들은 자신의 학습 현황을 실시간으로 체크하고 학업 목표를 성취하기 위한 개별화된 진단 및 처방 서비스를 제공 받게 된다. 또 교실에도 인공지능(AI)을 장착한 학습용 로봇이 등장해 기본 개념은 로봇과 공부하고 인간 교사와 심화 학습을 진행하는 식으로 수업이 전개될 수도 있을 것이다.

요컨대 제4차 산업혁명은 의료, 산업, 운송 및 교육 등 다양한 분야에 획기적 변화를 가져올 것으로 전망된다. 그런데 앞서 언급한 변화의 내용을 꼼꼼히 들여다보자. 사실, 제4차 산업혁명 시대에 맞춰 새롭게 개발된 기술은 하나도 없다. 짧게는 수년에서 길게는 수십 년 전에 이미 개발된 기술을 새로운 방향으로 활용한 아이디어가 이런 변화의 중심이기 때문이다.

의료계의 변화를 주도하고 있는 IBM 왓슨의 전신은 1989년 체스 게임 전용으로 개발된 딥블루(Deep Blue)이다. 2016년 3월 구글의 알파고(AlphaGo)*와 이세돌이 세기의 바둑 대결을 벌였던 것처럼 IBM의 딥블루는 1997년 5월 체스 대결에서 당시 세계 챔피언 가리 카스파로프(Garry Kasparov)를 상대로 승리를 거두었다. 이후 IBM은 왓슨이란 이름으로 미국 NBC 방송의 퀴즈 쇼 '제퍼디(Jeopardy!)'를 겨냥한 컴퓨터를 개발해 2011년 2월 최고 상금액 우승자 브래드 러터(Brad Rutter)와 최장기 우승자 켄 제닝스(Ken Jennings)를 상대로 승리를 거두기도 했다. 인공지능을 탑재한 왓슨을 다양한 분야에 적용해 활용하고자 한 아이디어가 제4차 산업혁명을 이끄는 의료 분야의 핵심 기술이 된 것이다. 현재는 의료

* 구글 딥마인드(Google DeepMind)가 개발한 인공지능 컴퓨터 바둑 프로그램. 알파고는 2015년 10월 유럽 바둑 챔피언 판후이(Fan Hui)와 대결하여 5대 0으로 승리하면서 프로기사를 이긴 최초의 바둑 프로그램이 되었다. 2016년 3월 9일부터 15일까지 이세돌 프로기사와 벌인 대결에서는 4대1로 이겼다. 알파고는 이전의 인공지능 기계인 딥블루 등과 달리 범용성 높은 알고리즘을 기반으로 한다. 이세돌과 벌인 대국은 모두 스트리밍 비디오로 중계되었으며, 이세돌과 대국이 있은 이후 인공지능 기계의 사회적 영향력에 대한 논의가 전국적으로 일어났다.

1838년의 입체경. 두 장의 입체 사진이나 그림을 사용해 입체감 있는 시각상을 형성하게 하였다.

뿐만 아니라 법학이나 세금 등 다양한 영역으로 인공지능을 확장시키는 연구 개발이 진행되고 있다.

구글 카드보드는 저가의 비용으로 쉽게 만들어 자신의 스마트폰에 장착하기만 하면 누구나 가상현실을 체험할 수 있다. 가상현실의 대중화를 주도한 구글 카드보드는 이미 1838년에 개발된 입체 사진 뷰어(Stereoscopic photos & viewers)에 그 기원을 두고 있다. 즉 200년 가까이 된 오래된 기술에 스마트폰을 장착한 기발한 아이디어 하나가 중요한 역할을 한 셈이다. 머리에 장착하는 형태의 가상현실 디스플레이어도 이미 1960년대에 개발돼 게임 분야에서 꾸준히 이용되어온 기술이다.

증강현실 기술은 1992년에 미 공군의 암스트롱 연구소에서 군

1992년 미 공군에서 최초로 증강현실(AR)을 이용하여 훈련하는 모습

사용으로 이미 개발되었지만 2016년 7월 '포켓몬고(Pokemon Go)'라는 모바일 앱 기반 게임이 출시되면서 비로소 전 세계적으로 주목 받게 되었다. 현재 증강현실 기술을 의료, 교육, 산업 등 다양한 분야에 확대, 활용하기 위한 다양한 연구들이 진행 중이다. 증강현실 기술 또한 구글의 지도 이미지 서비스인 구글어스(Google Earth)*의 개발자였던 존 행키(John Hanke) 회장이 '아이들이 많이 움직이고 다른 사람들과 어울릴 수 있는 게임을 만들자'는 생각으로 벤처 기업을 설립하지 않았다면 아직 군사용 등 특정 분야에서만 사용되고 있었을 것이다.

* 인터넷 웹사이트 구글이 제공하는 위성사진 프로그램으로 세계의 여러 지역을 볼 수 있는 세계 최초의 위성영상지도 서비스이다.

1984년 개발된 최초의 자율주행자동차 내브랩 1

자율주행자동차를 개발하기 위한 최초의 실험도 이미 1920년대에 실시되었다. 1984년에는 미국 카네기멜론대학교의 내브랩(Navlab)에서 세계 최초로 자율주행이 가능한 차량을 개발하는 데 성공했다. 이후 벤츠, GM, 포드, 폭스바겐, 아우디, 도요타, 닛산, 볼보, BMW 등 메이저 자동차 회사들이 앞다퉈 자율주행자동차 상용화를 위한 개발 프로젝트를 진행해왔다. 재미있는 사실은 자율주행자동차가 대중에 널리 알려지는 데 가장 큰 공헌을 한 것은 바로 인터넷 검색 엔진 회사인 구글과 세계 최대의 차량 공유 업체 우버(Uber)라는 것이다.

구글은 인터넷 검색과 지도 이미지 서비스 기능을 강화하기 위해 인공지능과 머신러닝(Machine Learning)* 분야 연구를 진행하던 중

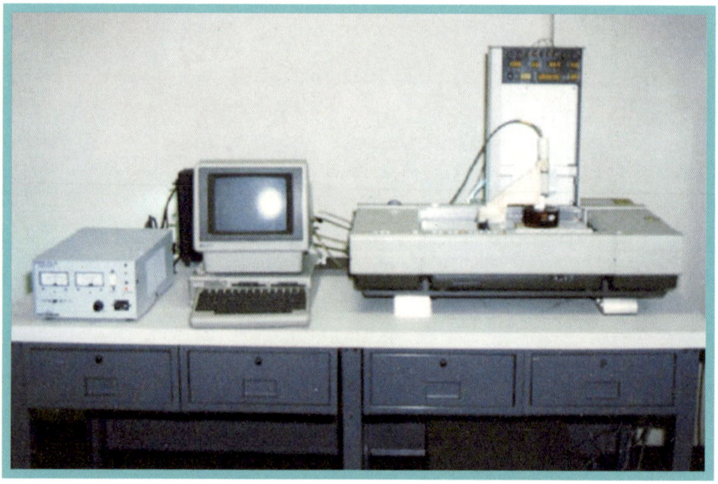

1987년 당시 SLA-1 3D 프린터

자율주행자동차 분야에 뛰어들어 미국 샌프란시스코 지역에서 도로 주행 시험을 하여 큰 관심을 불러일으켰다. 우버는 자율주행자동차를 이용한 차량 공유 서비스를 홍보하며 전 세계적으로 선풍적인 관심을 모았다.

3D 프린터도 1981년 일본 나고야 시립공업연구소(Nagoya Municipal Industrial Research)의 고다마 히데오(兒玉秀雄, Kodama Hideo) 연구원이 처음 개발할 당시만 해도 제품의 대량생산에 앞서 저렴한 비

* 인공지능의 연구 분야 중 하나로 인간의 학습 능력과 같은 기능을 컴퓨터에서 실현하고자 하는 기술 및 기법을 말한다. 경험적 데이터를 기반으로 학습하고 예측을 수행하고 스스로 성능을 향상시키는 시스템과 이를 위한 알고리즘을 연구하고 구축하는 기술로 이루어진다.

용으로 프로토타입 시제품을 만들기 위한 목적으로 만들어졌다. 하지만 3D 프린팅 기술을 건축이나 의료 등 다양한 분야에 활용하고자 한 창의력과 상상력 덕분에 최근에는 손상된 두개골이나 뼈 그리고 장기와 힘줄까지 3D 프린터로 만들어 이식할 수 있게 되었다.

제4차 산업혁명이 우리에게 가져올 엄청난 변화가 처음부터 거대했던 것은 아니다. 맨 처음 그것은 누군가의 기발한 아이디어에서 시작되었다. 지금 이 순간 우리 모두에게도 기회의 문은 똑같이 열려 있다. 세계경제포럼이 발표한 '일자리의 미래' 보고서에 따르면, 현재 초등학교에 입학한 아이들의 65%가 지금은 존재하지 않는 전혀 새로운 형태의 일자리에서 일을 하게 된다고 한다. 2020년까지 로봇공학, 빅데이터, 바이오, 3D 프린팅 등의 분야에서 일자리 200만 개가 증가하게 될 것이라는 긍정적인 전망도 함께 나왔다. 무엇보다 미래에는 비판적 사고를 가지고 복합 문제를 해결하는 데에서 어느 누구도 생각하지 못한 창의적인 발상을 해내는 인재가 더욱 필요하다. 제4차 산업혁명 시대에 걸맞은 이러한 21세기형 인재를 양성하지 못한다면 우리에게 열린 기회의 문은 다시 닫혀버릴지도 모른다. 아니, 오히려 위기의 문이 될 수도 있다.

자의든 타의든 판도라의 상자는 이미 열렸다. 제4차 산업혁명이라는 거대한 변화의 물결이 우리 머리 위를 덮치고 있다. 지금은 로봇이 사람의 노동력을 대체해 결국에는 일자리가 크게 줄어들 것이라는 부정적 결과만을 바라보며 걱정할 때가 아니다. 어떻게 하면 제4차 산업혁명의 긍정적인 면을 극대화하고 새로운 시대를 주도해 나갈지 방안을 모색할 때이다. 성공의 열쇠는 이미 우리 안에 있다. 시대가 변화하는 흐름과 핵심을 읽자. 제4차 산업혁명은 우리가 세계 속에 우뚝 서는 데 좋은 발판이 될 것이다.

새로운 시대가 원하는 인재

제4차 산업혁명이 우리 삶에 미칠 변화와 영향은 그 무엇보다 심대하다. 그리고 그러한 변화를 이끌 창의적 인재가 지금 우리에게는 필요하다. 새로운 시대에는 구체적으로 어떤 능력을 가진 인재가 필요할까? 2016년 1월 세계경제포럼은 '일자리의 미래' 보고서를 통해 제4차 산업혁명이라는 신조어를 선포하면서 마찬가지로 제4차 산업혁명 시대에 어떤 인재가 필요한지도 발표했다. 이 보고서는 2015년의 인재상과 2020년의 인재상을 비교함으로써 제3차 산업혁명 시대에서 제4차 산업혁명 시대로 이동하면서 요구되는 인재상의 변화를 명확히 보여주었다.

'일자리의 미래' 보고서는 미국 노동부 직업정보네트워크(The Occupational Information Network : O*NET)에서 직업과 관련하여 주요 인재 역량을 정리한 콘텐츠 모델을 토대로 하였다. '일자리의 미래' 보고서에 따르면, 제4차 산업혁명 시대의 인재가 갖춰야 할

제3차 산업혁명과 제4차 산업혁명 인재 역량 비교

2020년	순위	2015년
복합 문제 해결 능력	1	복합 문제 해결 능력
비판적 사고 능력	2	협업 능력
창의력	3	인적 자원 관리 능력
인적 자원 관리 능력	4	비판적 사고 능력
협업 능력	5	협상 능력
(NEW) 감성 능력	6	품질 관리 능력
판단 및 의사 결정 능력	7	서비스 지향성
서비스 지향성	8	판단 및 의사 결정 능력
협상 능력	9	적극적 경청 능력
(NEW) 인지적 유연력	10	창의력

10가지 역량은 다음과 같다. 순위대로 살펴보면, 복합 문제 해결 능력(Complex Problem Solving), 비판적 사고 능력(Critical Thinking), 창의력(Creativity), 인적 자원 관리 능력(People Management), 협업 능력(Coordinating with Others), 감성 능력(Emotional Intelligence), 판단 및 의사 결정 능력(Judgement and Decision Making), 서비스 지향성(Service Orientation), 협상 능력(Negotiation), 인지적 유연력(Cognitive Flexibility) 순이다.

두 가지 인재상을 비교하면서 발견할 수 있는 흥미로운 점은 복합 문제 해결 능력은 제3차 산업혁명 시대와 제4차 산업혁명 시대에 모두 부동의 1위 자리를 고수하고 있다는 것이다. 또 한 가지 특기할 만한 점은 제3차 산업혁명 시대에 요구되던 품질 관리 능력과 적극적 경청 능력이 순위에서 사라지고 감성 능력과 인지적 유연력이 제4차 산업혁명 시대의 인재가 갖춰야 할 역량에 새롭게 포함되었다는 점이다.

좀 더 깊이 들어가, 제4차 산업혁명 시대의 인재들에게 요구되는 10가지 핵심 역량을 순위별로 자세히 살펴보자.

먼저 부동의 1위를 지키고 있는 복합 문제 해결 능력에 대해 알아보자. 미 노동부의 직업정보네트워크(O*NET) 콘텐츠 모델에 따르면, 복합 문제 해결 능력은 복잡한 현실 세계 상황에서 발생할 수 있는 새롭고 불분명한 문제를 해결하는 능력이라고 정의하고 있다. 복합 문제 해결 능력은 제3차 산업혁명 시대와 제4차 산업혁명 시대 모두에서 인재들에게 가장 필요한 역량으로 선정되었다. 그 이유는 "새롭고 불분명한 문제를 해결하는 능력"이라는 정의를 통해 알 수 있다. 즉 컴퓨터와 인터넷 등 정보 통신 기술의 발달로 인류 문명에게 자동화의 편리함을 선사한 제3차 산업혁명 시대나 제3차 산업혁명의 연장선상에서 기존 기술의 융복합을 통해 새로운 변화를 추구해가는 제4차 산업혁명 시대에 우리에게 주어지는 문제는 모두 "새롭고 불분명한" 문제라는 것이다. 따라서 이미 정해진 답이 있는 문제를 암기하여 짧은 시간에 많이 맞추는 능력이 아니라 정답이 없는 문제를 다양한 시각과 시도로 풀면서 가장 적합한 해답을 찾아 나가는 능력이 가장 첫째가는 핵심 역량으로 선정된 것이다.

2위는 비판적 사고 능력이 차지했다. 미 노동부의 직업정보네트워크 콘텐츠 모델에서는 비판적 사고 능력을 논리와 추론을 이용해 주어진 문제에 대한 다양한 해결 방안이나 문제 접근 방식의 장단점을 비교·분석할 수 있는 능력이라 정의하고 있다. 여기서 흥미로운 점은 제3차 산업혁명 시대에는 4위였던 비판적 사고 능력이 각각 2위와 3위였던 협업 능력과 인적 자원 관리 능력을 제치고 두 계단 올라갔다는 점이다. 물론 협업 능력이나 인적 자원 관리 능력은 제4차 산업혁명 시대에도 5위와 4위로 비교적 높은 순위를 차지하는 핵심 역량 중 하나이다. 다만 제4차 산업혁명 시대에 우리가 해결해야 하는 문제가 대부분 기존에 존재하지 않았던 전혀 새로운 문제이기 때문에 이 문제를 해결하기 위해 제시되는 여러 해결 방안이나 접근 방식을 보다 체계적이고 논리적으로 분석해 최적의 해결책을 제시하는 능력이 더 요구되는 것이다.

제4차 산업혁명 시대에 필요한 핵심 역량 가운데에서 우리가 무엇보다 주목할 것은 바로 창의력이다. 창의력은 제3차 산업혁명 시대에는 10위였지만 제4차 산업혁명 시대에는 무려 일곱 계단이나 올라가 3위로 선정되었기 때문이다. 그러면 세계경제포럼이 '일자리의 미래' 보고서를 통해 제시한 창의력은 무엇을 의미할까? 바로 일정한 주제나 상황이 주어졌을 때 기발한 아이디어를 도출해내거나 문제를 해결하는 과정에서 창의적 방법을 제안하는 능력을 말한다.

여기서 중요한 사실은 세계경제포럼이 제시한 제4차 산업혁명 시대의 인재가 갖춰야 할 3대 핵심 역량인 복합 문제 해결 능력, 비판적 사고 능력, 창의력 모두 새로움에 대한 역량으로 귀결된다는 것이다. 아무 형태도 없던 그저 평범한 찰흙 덩어리가 사람의 창의력을 만나 동물이나 비행기, 우주선 등 새로운 모습으로 다양하게 변화될 수 있듯이, 제4차 산업혁명 시대도 새로운 아이디어 하나가 기술 또는 정보라는 찰흙 덩어리를 지구상에 존재하지 않았던 전혀 새로운 형태로 재창조해 선보일 수 있는 시대인 것이다. 따라서 비판적 사고 과정을 통해 창의적인 해결 방안을 모색해 복합 문제를 해결해 나갈 수 있는 인재를 누가 더 많이 확보하느냐가 이 시대의 성공 요인이 될 것이다.

4위와 5위에는 인적 자원 관리 능력과 협업 능력이 각각 올랐다. 인적 자원 관리 능력은 특정 업무에 가장 잘 맞는 사람을 선별하여 동기부여와 체계적이고 효율적인 관리를 통해 최대의 업무 성과를 거둘 수 있도록 관리하는 능력으로 제3차 산업혁명 시대에도 3위에 선정된 핵심 역량이다. 또한 협업 능력은 상대방의 행동에 따라 자신의 행동을 조절하는 능력으로 제3차 산업혁명 시대에 두 번째로 중요한 핵심 역량으로 선정되었다. 인적 자원 관리 능력과 협업 능력이 제4차 산업혁명 시대에도 인재가 갖춰야 할 핵심 역량으로 선정되었다는 것은 제3차 산업혁명 시대와 마찬가지로 제4차 산업혁명 시대에도 개인의 성취에만 집중하는 독불장군형 인재보다 주변과 함께 어우러져 공동의 가치를 최대화할 수 있는 융합형 인재가 요구된다는 것을 의미한다. 다시 말해, 제4차 산업혁명 시대에는 다양한 분야의 인재를 함께 모아 새로운 문제를 해결해가는 과정에서 각자의 능력을 분석해 적합한 업무를 배정하고 지속적으로 동기를 부여하여 각각의 개인으로 하여금 창의적 방안을 도출해낼 수 있도록 유도하는 능력을 지닌 인재가 사회에서 성공하게 된다.

제3차 산업혁명 시대에 별다른 관심을 받지 못했던 감성 능력은 제4차 산업혁명 시대에 인재들이 갖춰야 할 10대 핵심 역량 중 6위에 선정돼 앞으로 감성 능력을 계발하거나 강화하는 교육이 각광을 받을 것으로 예상된다. 미 노동부의 직업정보네트워크 콘텐츠 모델에 따르면, 감성 능력은 상대의 반응을 인지하고 상대방이 왜 그렇게 반응했는지 이해하는 능력이다. 소품종 대량생산 방식의 제3차 산업혁명 시대와 달리 제4차 산업혁명 시

대는 다품종 소량 생산의 시대이기 때문에 개별 소비자의 기호와 성향, 요구와 구매 패턴을 이해하고 맞춤형 상품이나 기술을 감각적으로 개발할 수 있는 감성 능력이 필요하게 된 것이다. 기술이 변화의 중심에 있는 제4차 산업혁명 시대에 오히려 인문학적 소양이 부각되는 이유이기도 하다.

일곱 번째 핵심 역량은 특정 상황이나 문제에 대한 비용과 이익을 분석해 가장 합리적인 판단과 결정을 내릴 수 있는 판단과 의사 결정 능력이다. 판단과 의사 결정 능력이 제4차 산업혁명 시대의 핵심 역량에 포함되었다는 것은 시키는 일만 하는 수동적 인재가 아니라 스스로 판단하고 알아서 일을 진행할 수 있는 능동적 인재가 요구되는 시대라는 의미이다. 또한 제4차 산업혁명 시대에 성공하기 위해서는 기업의 문화도 상명하복식의 수직 구조가 아니라 구성원 개개인이 자율성을 갖고 능동적이고 적극적으로 일할 수 있는 수평 구조가 되어야 한다. 즉 공동의 목표를 성취하기 위해 개별 구성원 각자가 가장 합리적인 선택과 판단을 하면서 유기적으로 연결되는 융복합 생태계를 구성하는 것이 무엇보다 중요하다.

제4차 산업혁명 시대에 인재가 갖춰야 할 핵심 역량 중 8위는 서비스 지향성이다. 미 노동부의 직업정보네트워크 콘텐츠 모델에서는 서비스 지향성을 남을 돕기 위해 적극적으로 방법을 모색하는 능력이라고 정의하고 있나. 서비스 지향성은 제3차 산업혁명 시대에도 핵심 역량 중 일곱째로 선정되었는데, 여기서

'남'을 돕는다는 개념은 폭넓게 볼 필요가 있다. 인류 전체의 오랜 염원인 환경 문제를 해결하기 위해 석유가 아닌 물로 움직이는 자동차를 개발하는 경우 여기서 '남'은 인류가 될 것이다. 복잡하고 불편했던 회사 내 결재 시스템을 단순하고 편리한 전자결재 시스템으로 개발하는 경우에는 회사나 직원들이 '남'이 될 것이다. 또한 마실 물을 구하기 위해 매일 평균 4킬로미터를 걸어야 하는 아프리카 사람들을 위해 공기 중에서 수분을 수집하여 식수화하는 기술을 개발하는 경우에는 아프리카 사람들이 '남'이 되는 것이다. 즉 서비스 지향성은 개인주의나 이기주의를 넘어 타인에 대한 배려와 봉사 정신을 바탕으로 주어진 일에 확실한 목표 의식을 가지고 적극적으로 추진하는 역량을 뜻한다.

다음으로는 9위에 선정된 협상 능력이다. 미 노동부 직업정보네트워크의 콘텐츠 모델은 생각이나 이익에 차이를 보이는 당사자들을 한자리에 모아 그 차이를 줄이기 위해 노력하는 능력을 협상 능력이라 정의한다. 협상 능력은 제3차 산업혁명 시대에는 5위를 올랐으나 제4차 산업혁명 시대에는 9위를 차지해 중요도는 다소 감소한 경향을 보인다. 하지만 여전히 제4차 산업혁명 시대의 인재가 갖춰야 할 10대 핵심 역량에 속하는 주요 역량이다. 여기서 주목할 점은 제4차 산업혁명 시대에 요구되는 협상 능력이 협상에서 이기는 능력만을 말하는 것이 아니라 생각이나 이익에 차이를 보이는 상대방과 협상을 통해 차이를 줄여가는 능력을 포괄한다는 것이다. 즉 제4차 산업혁명 시대에는 각 개인, 기업, 기관, 정부가 여러 방향으로 촘촘히 연결되어 있어 협상을 통해 차이를 줄여가는 과정 속에서 때로는 손해를 보는 경우가 발생하더라도 공동체 의식을 갖고 합리적인 의사 결정을 내릴 수 있는 능력이 필요하다.

마지막으로 10위에 선정된 역량은 제4차 산업혁명 시대와 함께 새롭게 10대 핵심 역량에 포함된 인지적 유연력이다. 미 노동부 직업정보네트워크 콘텐츠 모델에 따르면, 인지적 유연력은 여러 가지 일을 다양한 방법으로 재배열하고 재구성하기 위해 다양한 종류의 규칙이나 원리를 적용할 수 있는 능력을 말한다. 예를 들어 서울 본사 직원이 부산 지사에서 회의가 있는 경우 고정된 인지 구조 속에서는 비행기나 기차, 자동차 등 운송 수단을 이용해 부산에 가서 회의를 하는 정형화된 방법만 찾게 될 것이다. 반면에 인지적 유연력이 있는 경우에는 화상회의를 이용해 물리적 이동 없이 시간과 비용을 절약하면서도 효율적인 회의 결과를 이끌어낼 방법을 찾는다는 것이다.

주어진 상황이나 문제를 새로운 관점으로 분석하고 해결 방안을 모색하는 데에서 다양성을 열어두어 기존에 전혀 생각하지 못한 기발한 아이디어를 도출해내는 인지적 유연력은 앞으로 더욱 중요해질 것으로 예측된다. 언뜻 보면 생소한 인지적 유연력이 제4차 산업혁명 시대에 인재가 갖춰야 할 10대 핵심 역량에 포함될 수 있었던 것은 앞으로 우리 앞에 닥칠 문제가 대부분 기존에 우리가 보거나 접하지 못했던 새롭고 불분명한 문제이기 때문이다. 즉, 다시 생각하면 새롭고 불분명한 문제를 해결하기 위해 기존의 틀에서 벗어나 사고할 수 있는 인지적 유연력이 요구된다는 것은 지극히 당연한 얘기일 수도 있다.

종합하면, 제4차 산업혁명 시대에 인재들에게 요구되는 10대 핵심 역량은 주로 사회적 기술과 인지적 능력으로 이루어진 것으로 나타났다. 미 노동부 직업정보네트워크의 콘텐츠 모델에서 상위 항목들 중 협업 능력과 감성 능력, 서비스 지향성과 협상 능력은 사회적 기술(Social Skills) 영역에 속하고 창의력과 인지적 유연력은 인지적 능력(Cognitive Abilities) 영역에 속한다. 인적 자원 관리 능력은 원래 자원 관리 기술 영역으로 분류되지만 사람을 관리하는 능력이므로 넓은 의미에서 사회적 기술 영역에도 포함된다고 볼 수 있다. 결국 10대 핵심 역량 가운데에서 7개 핵심 역량이 사회적 기술과 인지적 능력 영역에 속하는 것은 짐짓 의미하는 바가 크다. 즉 제4차 산업혁명 시대에는 비판적 사고를 갖고 사회적 기술과 인지적 능력을 토대로 다양한 방식으로 복합 문제를 해결할 수 있는 융복합형 인재가 필요하다는 것이다.

미국의 경우 이미 2002년부터 의사소통 능력(Communication), 협동 능력(Collaboration), 비판적 사고 능력(Critical Thinking), 창의력(Creativity)을 21세기 핵심 역량으로 정하고 21세기형 인재를 양성하기 위한 교육을 진행해왔다. 2000년대 초반까지도 독서(Reading), 글쓰기(Writing), 연산(Arithmetic) 즉 3R이 미국 교육의 근간을 이루었다. 하지만 3R만으로는 컴퓨터와 과학기술, 정보 통신 기술이 발

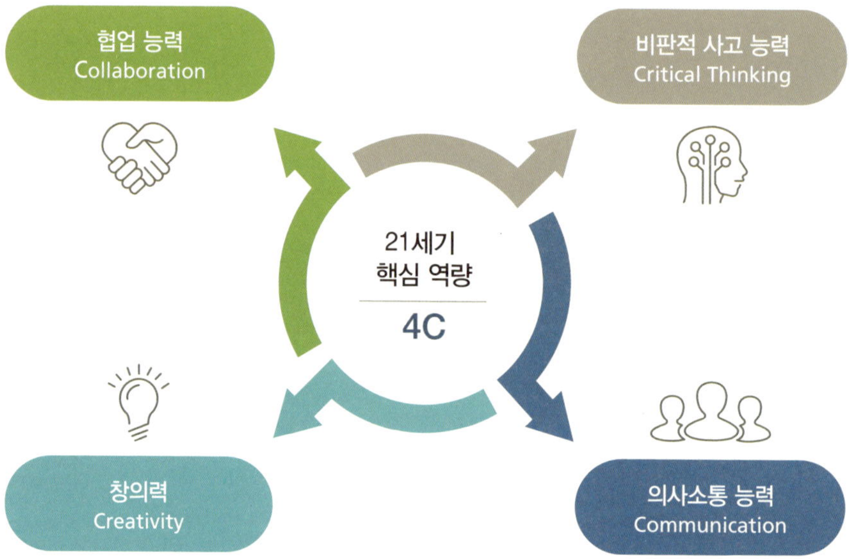
협업 능력
Collaboration
비판적 사고 능력
Critical Thinking
21세기
핵심 역량
4C
창의력
Creativity
의사소통 능력
Communication

달한 21세기에 적합한 인재를 양성하기에 부족하다는 판단을 내리고 전미교육협회(National Education Association)가 교육 개혁을 주도했다. 2002년에는 비영리 단체인 "21세기 역량 파트너십(The Partnership for 21st Century Skills)"을 설립하고 21세기형 인재를 양성하기 위해 각 수업에서 의사소통 능력, 협동 능력, 비판적 사고 능력, 창의력을 키울 수 있는 구체적 교육 사례가 실린 안내서도 제작해 배포했다. 공교롭게도 전미교육협회가 정한 21세기 핵심 역량은 세계경제포럼이 제시한 제4차 산업혁명 시대의 10대 핵심 역량과도 일치한다. 여기서도 미국이 제4차 산업혁명을 주도할 수 있었던 이유가 명확히 보인다.

제4차 산업혁명 시대에는 사물인터넷, 유비쿼터스, 인공지능 등 과학기술이 우리 삶 곳곳에 들어와 쓰이게 된다. 언뜻 보기에 그러한 사회는 과학이 인간의 삶에 더욱 깊이 들어와 관여하는 '기술 지배적' 사회로 보인다. 하지만 앞서 살펴보았듯이 제4차 산업혁명 시대의 도래를 처음 우리에게 알린 세계경제포럼이 제시한 10대 핵심 역량을 토대로 분석해 보면, 제4차 산업혁명 시대는 사람들이 더욱 긴밀히 연결되고 비판적 사고와 창의력으로 복합 문제를 해결해 나가는 '사람 지배적' 사회라는 것을 알 수 있다.

다시 말해, 사람과 기술, 과학과 인문학이 함께 조화를 이루는 융복합의 시대가 바로 제4차 산업혁명의 본질임을 깨달아야 한다. 융복합의 시대에 걸맞은 제4차 산업혁명 시대의 핵심 역량을 갖춘 인재를 양성하는 것만이 우리가 도태되지 않고 제4차 산업 혁명이라는 큰 물결에 올라탈 수 있는 비결이다.

디지털 원주민들의 세상

사람과 기술이 함께 조화를 이루는 사회, 융복합의 시대에는 새로운 능력을 가진 인재들이 필요하다. 그러한 인재를 양성하기 위해서는 무엇보다 교육 패러다임의 변화가 필요하다. 제4차 산업혁명 시대의 기술 혁신은 우리가 이루어야 할 교육 혁신에도 뿌리 깊고 폭넓은 영향을 미칠 것이다. 물리적인 교육 환경의 변화는 물론이고 지식 자체에 대한 근본적인 인식도 변화할 것이며 지식의 생산, 전달, 분배 면에서 새로운 차원의 인식이 생겨날 것이다. 그리고 지식을 습득하는 사람들, 곧 학습자의 특성에도 영향을 미칠 것이다.

다음 시대를 이끌어 나갈 21세기 학습자는 어떤 특성을 가지고 있을까? 1980년에서 2000년 사이에 태어난 Y세대(밀레니엄 세대)와 2000년 이후에 태어난 Z세대(Generation Z)*를 통합해 '21세기 학습

* 미국에서 밀레니엄 세대의 다음 세대를 의미한다. 세대를 가르는 정확한 기준은 없으나, 대체로 인구통계학자들은 1990년대 중반에서 2000년대 초반에 출생한 세대

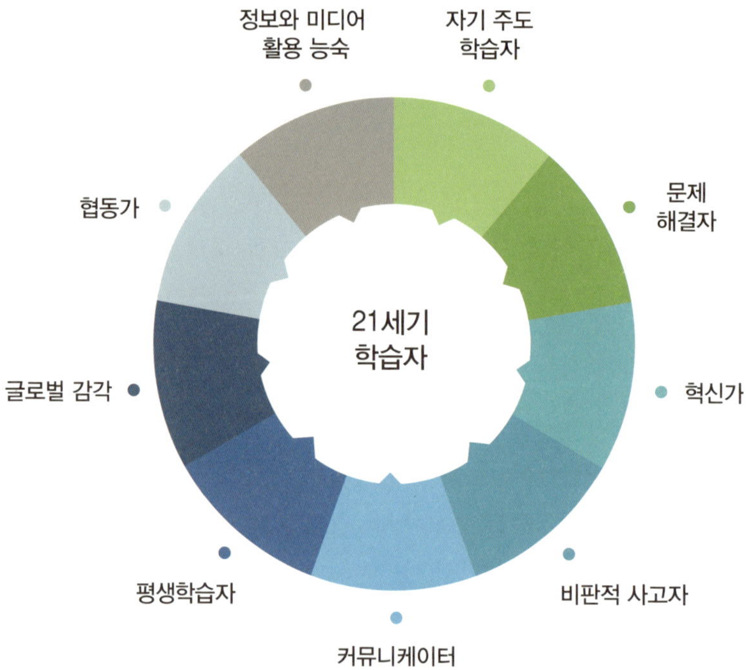
정보와 미디어
활용 능숙
자기 주도
학습자
협동가
문제
해결자
21세기
학습자
글로벌 감각
혁신가
평생학습자
비판적 사고자
커뮤니케이터

자'라고 부르는 경우도 있지만, 이 책에서는 2000년 이후에 태어난 Z세대만을 21세기 학습자로 정의하기로 한다.

정보와 미디어의 능숙한 활용

첫째, 21세기 학습자들은 아날로그에 대한 기억이 전혀 없다. 디지털 시대에 태어난 이들은 '디지털 원주민(Digital Native)*'이라고 불리기도 한다. 그래서 21세기 학습자들은 기존의 어떤 세대보다도 높은 디지털 리터러시(Digital Literacy)를 보유하는 특성이 있다. 즉 인터넷을 통해 학습에 필요한 정보를 효과적으로 탐색하고 다양한 출처에서 찾아낸 정보 중 적확한 정보만 선택해 이해하고 활용하는 능력이 뛰어나며, 이를 통해 새로운 지식을 재창출하는 능력을 갖고 있다. 컴퓨터나 정보 통신 기술에 대한 거부감이 낮고 필요한 정보가 있는 경우 도서관을 찾아가기보다 인터넷을 검색하는 데 익숙하며 스마트폰이나 태블릿 PC, 랩톱 등 언제 어디서든 인터넷 접속이 가능한 모바일 기기를 늘 갖고 다니며 활용한다.

부터 2000년대 후반, 2010년대 초반까지 출생한 세대를 Z세대로 분류한다. Z세대의 가장 큰 특징은 어려서부터 인터넷을 자연스럽게 접해 IT 기술에 익숙함을 느끼고 사교 생활에서 SNS를 자유롭게 사용한다는 것이다.

* 미국의 교육학자 마크 프렌스키(Marc Prensky)가 2001년 논문에서 지칭한 용어. 태어나면서부터 디지털 환경을 접한 세대를 '디지털 원주민(Digital Natives)'이라 명명하고 이전 세대는 '디지털 이주민(Digital Immigrants)'이라 했다.

자기 주도형 학습자

둘째, 21세기 학습자들은 자기 주도형 학습자이다. 정해진 틀에서 주어진 일을 하기보다 스스로 알아서 계획하고 관심 있는 분야를 공부한다. 자신이 좋아하지 않는 일이나 관심 밖의 일을 해야만 할 때에는 집중력이 흐트러지는 모습을 쉽게 발견할 수 있지만 자기가 좋아하는 일에는 푹 빠져들어 초집중력을 보이는 특성이 있다. 공부할 때에도 가만히 앉아서 선생님이 주도하는 수업을 수동적으로 듣기보다 수업에 직접 참여하거나 자신의 프로젝트를 진행하면서 공부해야 보다 나은 학습 효과를 얻을 수 있는 적극적인 학습자이다.

문제 해결자

셋째, 21세기 학습자들은 문제 해결자이다. 주어진 문제를 회피하지 않고 오히려 도전을 즐긴다. 복합 문제가 주어져도 힘들어하기보다 다양한 방법을 모색하면서 답을 찾아가는 과정을 통해 배운다. 정해진 답이 없는 문제에 익숙해 새로운 문제가 주어져도 어떻게든 문제 상황을 이해하고 핵심 문제와 주변 문제를 구분하며 접근 가능한 주변 자원을 최대한 활용해 다양한 해결책을 내놓는다. 단순히 암기하여 시험을 보는 방식보다 자신만의 해답을 제시할 수 있는 오픈형 학습 활동을 더 선호한다.

비판적 사고자

넷째, 21세기 학습자들은 비판적 사고자이다. 비판적 사고는 부정적 사고를 말하는 것이 아니다. 교육학 용어 사전에 따르면, 비판적 사고란 "어떤 사태에 처했을 때 감정 또는 편견에 사로잡히거나 권위에 맹종하지 않고 합리적이고 논리적으로 분석 · 평가 · 분류하는 사고 과정 즉 객관적 증거에 비추어 사태를 비교 · 검토하고 인과관계를 명백히 하여 여기서 얻어진 판단에 따라 결론을 맺거나 행동하는 과정"을 말한다. 다시 말해, 21세기 학습자들은 주어진 문제 상황을 그대로 받아들이기보다 다양한 정보를 이용해 객관적이고 논리적으로 분석한 결과를 토대로 해결책을 찾아가는 특성이 있다. 교사가 전달한 지식을 그대로 받아들이기보다 자신의 시각에서 다시 한 번 생각해보고 여러 출처를 통해 수집한 다양한 정보를 바탕으로 평가 과정을 거친 후 올바른 정보라는 판단이 선 경우에만 지식을 받아들인다.

협동가

다섯째, 21세기 학습자들은 혼자 공부하는 것보다 여럿이 협업하여 공부할 때 보다 나은 학습 결과를 얻는다. 스마트폰이나 태블릿 PC, 랩톱 등 모바일 기기를 항상 손에 들고 다니며 사용해 나 홀로 하는 일을 좋아하는 것처럼 보이지만 사실 21세기 학습자들은 이런 모바일 기기를 통해 여러 친구들과 다양한 정보에 늘 연결되어 있다. 어떻게 보면 디지털 세대이기 때문에 아날로그 세대에 비해 협업보다 혼자 하는 일이 더 어울려 보일 수는 있다. 하지만 21세기 학습자들이 접하는 문제는 한 분야의 개인이 혼자 해결할 수 있는 문제라기보다 여러 분야의 사람들이 다양한 시각으로 접근해 함께 풀어야 하는 복합적 문제가 대부분이기 때문에 협동가라는 특성이 자연스럽게 자리 잡게 된다.

커뮤니케이터

여섯째, 21세기 학습자들은 의사소통이 자유로운 커뮤니케이터이다. 온라인 매체든 오프라인 매체든 상관없이 자유자재로 의사소통의 주체가 되어 이야기를 진행해 나간다. 앞서 말했듯이, 21세기 학습자들은 스마트폰이나 태블릿 PC, 랩톱 등 모바일 기기를 통해 다른 사람들과 항상 소통하고 페이스북이나 인스타그램 같은 소셜네트워크서비스(SNS)나 블로그 등을 통해 자신의 견해를 표현하고 남의 의견을 수렴하는 데 익숙하다. 지식을 습득할 때에도 21세기 학습자들은 토론식 수업을 통해 자신의 견해를 표현하고 상대방의 의견을 분석하고 평가하는 데 익숙하며 서로 소통하는 과정에서 학습을 하는 특성이 있다.

글로벌 감각

일곱째, 21세기 학습자들은 컴퓨터와 정보 통신이 발달한 디지털 시대에 태어나 전 세계의 정보를 언제 어디서든 필요할 때 찾아볼 수 있어 자연스럽게 글로벌한 감각을 키울 수 있는 환경에

21세기 학습자의 특성

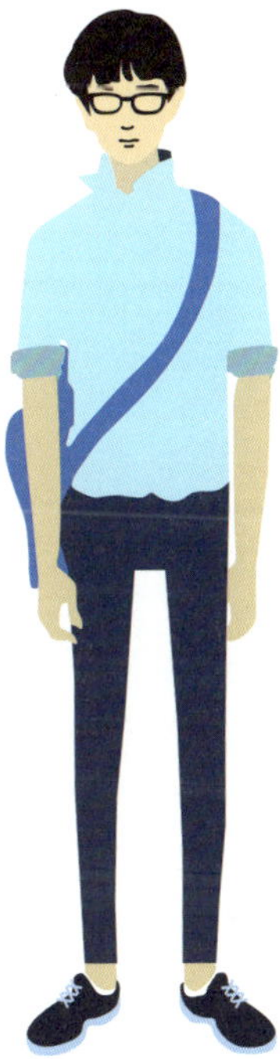

멀티태스킹 전문가

스마트폰, 노트북, TV 등
여러 매체를 한 시간 동안
약 27번 번갈아 사용

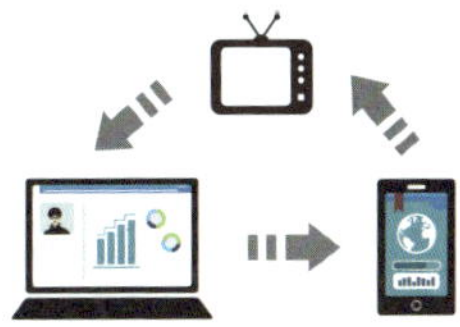

자기 주도형 리더

독립적이고 리더 기질이
강해 자기 주도적으로 학습

정보와 미디어 활용 능숙

스마트폰이나 노트북,
태블릿 PC 등 다양한 기기를
이용해 소셜미디어, 게임,
블로그, 이메일, 검색 학습 및
새로운 정보 습득

돈보다 일의 의미가 더 중요

동기부여에 영향을 미치는 요소

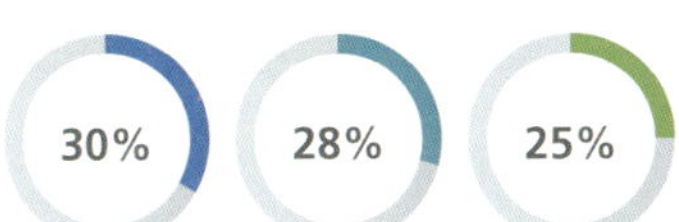

의미 있는 일 | 월급 | 성취감

그들은 누구인가?

- 2000년 이후에 태어난 Z세대
- 2025년까지 노동 인구의 75% 차지
- 95%의 시간을 온라인에서 보냄

살고 있다. 온라인 자동 번역 기능이 발달함에 따라 언어 장벽은 더욱 낮아져 언어가 달라 읽기 힘들었던 다른 나라의 정보도 손쉽게 검색할 수 있다. 또한 운송 수단과 교통 기술의 발달에 힘입어 지구촌이 일일생활권이 된 시대에 살기 때문에 물리적 거리감도 낮고 각국의 전통이나 언어, 문화의 고유성과 다양성도 자연스럽게 받아들인다. 이메일이나 온라인 실시간 메시지 기능을 이용해 다른 나라에 사는 친구와 언제든 실시간으로 대화를 나눌 수 있고 다양한 나라의 정보를 수집하고 분석하고 이해하는 데 익숙한 특성을 지니고 있다.

혁신가

여덟째, 21세기 학습자들은 혁신가이다. 혁신은 묵은 풍속, 관습, 조직, 방법 따위를 완전히 바꾸어 새롭게 하는 것을 말한다. 다시 말해 21세기 학습자들은 과거와 현재를 바꿔 새로운 미래를 만들어가는 도전을 거부하지 않고 오히려 즐긴다. 주어진 복합 문제를 해결하기 위해 활용 가능한 모든 자원을 이용해 혁신적인 아이디어를 도출해낸다. 그 과정에서 다른 분야 전문가와 머리를 맞대어 의사소통하고 객관적이고 합리적인 판단을 내리고자 한다. 고정된 틀 안에서 답을 찾기보다 창의력을 바탕으로 기존에 없던 전혀 새로운 답을 도출해내고자 하고 그 과정에서 학습 효과가 향상되는 특성이 있다.

평생학습자

아홉째, 21세기 학습자들은 평생학습자이다. 지식이나 정보의 반감기가 갈수록 짧아져 어제의 정답이 오늘은 오답이 되거나 심지어 몇 시간 전에 옳다고 믿었던 내용이 지금은 진실이 아닌 시대에 살다 보니 자연히 평생학습자가 될 수밖에 없다. 또한 제4차 산업혁명 시대에는 평생직장의 개념이 사라지고 각 개인이 흥미를 갖고 일에 몰두할 수 있는 일자리를 찾아 이동하는 주기가 짧아져 경력을 쉽게 바꿔 나갈 수 있도록 지원하는 평생교육의 중요성이 더욱 증가할 것이다. 따라서 21세기 학습자들은 대학에서 배운 전공 내용을 가지고 평생 한 직장에서 정년퇴직할 때까지 재직하는 게 아니라 관심 있는 내용이나 업무상 필요한 지식을 언제든 공부하고 업무에 활용하기 위해 꾸준히 학습하는 특성을 지니고 있다.

지금까지 이야기한 것을 종합해보면, 21세기 학습자는 정보와 미디어 활용에 능숙한 자기주도형 학습자이며 비판적 사고를 갖고 문제를 해결해 나가는 도전적 학습자이다. 또한 나 홀로 공부하는 것보다 여럿이 머리를 맞대고 함께 하는 학습에서 더 높은 성취를 올리는 협동가이면서 전 세계 사람들과 언제 어디서든 인터넷을 통해 연결되어 의사소통할 수 있는 글로벌 감각을 지닌 커뮤니케이터이다. 무엇보다도 21세기 학습자는 고정된 틀에서 벗어나 새로운 아이디어를 제시하는 혁신가이며 일회성 학습에서 끝나는 것이 아니라 평생 동안 자신이 필요한 부분에 대해 지식을 습득해 나가는 평생학습자라는 특성을 가지고 있다.

앞으로 이루어질 교육의 모습이 어떤 형태이든 간에 이러한 21세기 학습자의 특성이 전제 조건이 되어야 할 것이다. 이들이 지닌 특성을 바탕으로 교육 방향과 전략을 수립한다면 보다 효과적이고 효율적으로 제4차 산업혁명 시대의 핵심 역량을 고루 갖춘 인재를 양성할 수 있을 것이다. 디지털 원주민들이 주도하는 제4차 산업혁명은 우리에게 어떤 모습으로 다가올까. 그들이 이끌 세상이 우리의 상상을 초월할 것임에는 틀림없다.

교실이 바뀐다

우리들 머릿속에 남아 있는 교실 풍경은 요즘 학생들이 공부하는 교실 모습과 크게 다르지 않다. 전통적인 교실 수업에서는 선생님이 칠판에 수업 내용을 판서하고 학생들이 교과서를 펼쳐 수업 주제와 관련된 내용을 읽고 문제를 푸는 것이 일반적이었다. 학생들은 모두 같은 내용을 배우고 암기한 다음 단원평가나 중간고사, 기말고사 등의 시험을 치르고 일등부터 꼴등까지 순위가 매겨진 성적표를 받았다. 최근에는 교실에 빔 프로젝터나 전자 칠판 등이 보급되어 멀티미디어를 활용한 교육이 진행되고 있지만 수업 진행 방식과 평가 방식 자체는 과거에 비해 큰 차이가 없다.

하지만 제4차 산업혁명 시대에는 우리가 지금 상상하는 것보다 훨씬 더 많은 변화가 교실에 일어날 것이다. 가장 먼저 체감하게 될 변화는 교과서의 디지털화이다. 종이로 된 교과서는 점차 교실에서 사라지고 학생들은 개인 모바일 기기나 사물인터넷(IoT)이 장착된 책상에서 바로 인터넷에 연결해 공부하게 된다. 미국의 몇몇 초등학교는 이미 맥그로힐(McGrawHill)과 같은 교육 전문 출판사와 연계해 디지털 교과서 시범학교로 선정되어 운영되고 있다. 이들 시범학교에서는 학생들이 교실에서 선생님이 진행하는 수업을 다른 학생들과 함께 들을지, 아니면 개인 모바일 기기를 이용해 온라인 학습을 진행할지 결정할 수 있다.

지금까지 이루어진 조사 결과에 따르면, 교사가 진행하는 수업을 듣는 경우와 개인 온라인 학습을 진행하는 경우 학습 결과에 큰 차이가 없는 것으로 나타났다. 하지만 개인 온라인 학습을 진행한 뒤 궁금한 내용을 선생님에게 문의하여 상호작용을 한 경우에 더 나은 학습 결과를 보였다. 따라서 앞으로는 기초 학습은 개인 모바일 기기를 이용해 온라인으로 공부하고 선생님과 심화 학습을 진행하여 학습 효과를 극대화하는 교육 모델이 보편화될 전망이다.

디지털 교과서뿐 아니라 무료 전자책의 보급도 제4차 산업혁명이 가져올 변화의 하나이다. 미국에서는 이미 1996년에 인터넷 아카이브(Internet Archive)라는 비영리 기관을 설립하고 책, 영화, 소프트웨어, 음악 등의 디지털화와 무료화를 추진해오고 있다. 그중에서도 "세상에 출판된 모든 책들을 한 웹사이트에(One web page for every book)"라는 모토로 2010년에 문을 연 오픈라이브러리(Open Library)는 이미 300만 권의 책을 디지털화해 무료로 제공하고 있다. 도서관 열람실에 앉아 종이책을 찾아보는 풍경은 이제 영화에서나 보게 될지도 모를 일이다.

이와 더불어, 자사의 검색 엔진 기능을 강화하는 방안을 개발 중인 구글 디지털 아카이브와 고객들이 책을 구매하기 전에 미리 책 내용을 살펴볼 수 있도록 서비스하기 위한 아마존의 종이책 디지털 아카이브까지 오픈라이브러리와 통합되면 엄청난 양의 무료 디지털 정보 시대가 도래할 것이다. 특히 자동 번역 기능이 꾸준히 향상됨으로써 앞으로는 언어의 장벽도 점차 무너질 것이다. 따라서 필요한 정보는 언어에 아무런 구애도 받지 않고 언제든 찾을 수 있게 되어 가장 적확한 정보를 찾아내는 정보 검색력과 다양한 정보에 대한 종합적 이해력, 그리고 이를 통해 새로운 정보 생산자로서 역할을 수행하는 창조력 등이 더욱 중요해질 것이다.

또한 가상현실 및 증강현실 기술이 대중에 널리 보급되면서 학생들은 보다 사실적이고 생동감 있게 오감을 고루 이용하여 공부할 수 있게 될 것이다. 학습 내용을 암기하기보다는 이해하는 데 초점을 맞추고 필요한 정보는 언제든 사물인터넷이나 가상현실 및 증강현실 기술을 통해 실시간으로 제공 받을 수 있게 된다. 이를테면 화학 실험실에서는 가상현실 및 증강현실 기술의 도입으로 위험한 화학 약품을 직접 만지지 않고도 다양한 종류의 화학 약품을 섞은 결과를 확인할 수 있게 된다. 학생들은 교실에 앉아서 마치 실제로 영국 대영박물관이나 프랑스 루브르박물관을 찾아간 것처럼 박물관 안을 구석구석 돌아다니며 눈앞에

가상현실과 증강현실 기술을 이용해 더 생생한 오감 교육을 실현할 수 있다.

서 전시품을 생생히 감상하고 자세한 정보와 함께 공부할 수 있게 된다. 생물 시간에는 인체의 구조를 공부하며 3D 입체로 해부 단면을 상세히 볼 수 있고, 역사 시간에는 이순신 장군이 지휘한 명량해전의 긴박했던 순간을 바로 옆에서 지켜보면서 당시 상황을 더 깊이 이해할 수 있다.

제4차 산업혁명의 핵심 기술인 3D 프린팅도 우리 교실에서 흔히 볼 수 있게 된다. 초등학생도 "오토데스크(AutoDesk) 123D"와 같은 무료 3D 모델링 프로그램을 이용해 집이나 학교에서 자신이 원하는 도면을 3D로 설계하고 학교나 공공도서관에서 3D 프린팅을 직접 해보면서 3D 프린팅과 코딩 감각을 익히게 된다. 미국의 경우 2010년에 버락 오바마(Barack Obama) 전 대통령이

STEM(과학Science, 기술Technology, 공학Engineering, 기계Mathematics) 우선 정책을 펼치면서 미국 전역의 초등 · 중등 · 고등학교와 공공도서관에도 3D 프린팅 교육과 프린터 보급이 확대되었다.

최근에는 지역별 공공도서관마다 3D 프린터가 설치되어 간단한 무료 교육을 이수하면 누구나 쉽게 예약해 자신이 설계한 3D 도면을 무료로 프린트할 수 있다. 한국의 경우에도 2017년 3월 미래창조과학부 등 관계 부처에서 합동으로 '2017년도 3D 프린팅 산업 진흥 시행 계획'을 확정하고 신규 수요 창출, 기술 경쟁력 강화, 산업 확산 및 제도적 기반 강화 등에 총 412억 원의 예산을 투입하기로 하는 등 앞으로 3D 프린팅 교육과 3D 프린터 보급이 활발히 진행될 전망이다.

한편 아직까지 어느 정도 논란이 있지만 제4차 산업혁명 시대에는 교실에서 로봇 교사를 보는 일도 흔해질 것이다. 로봇 교사의 등장을 둘러싸고 사람들이 가장 크게 우려하는 것은 로봇 교사의 보급이 확대되면서 학교에서 사람이 가르치는 것을 더 이상 볼 수 없게 되는 것이다. 어려서부터 사람의 모습과 비슷하게 만들어진 로봇 교사에게 배우면 로봇에 대한 거부감이 극도로 낮아지고 심지어 로봇과 사람의 구분이 모호해지는 정체성 문제가 생길 것이라는 우려도 있다. 로봇 교사에 오작동이 일어났을 때 발생할지 모를 안전 문제와 관련하여 어떤 방안을 마련할지도 계속해 논란을 제공하고 있다.

하지만 우리가 걱정하는 것처럼 로봇이 사람을 대체해 교사의 일자리가 줄어드는 일은 발생하지 않을 것으로 보인다. 세계경제포럼의 '일자리의 미래' 보고서에 따르면, 제4차 산업혁명 시대인 2020년에 교사들의 일자리는 우리가 우려하는 것과 달리 오히려 증가할 것으로 전망되었다.

물론 교육의 변화 속도가 기술의 변화 속도보다 느리기 때문에 2020년까지 로봇 교사의 등장이 우리 교실에 큰 영향을 미치지 못할 것이라는 설명이 덧붙어 있기는 하다. 그럼에도 중요한 것은 여러 사업 분야에 걸쳐 총 710만 개의 일자리가 로봇이나 기술 개발에 의해 사라질 것이라는 전망 속에 교사들의 일자리가 2020년까지 6만 6,000개 증가할 것으로 예측되었다는 것이다. 다시 말해, 기초 지식은 반복 학습이 필요한 경우 로봇 교사와 함께 무한 반복하며 효과적이고 효율적으로 공부할 수 있지만 심화 학습을 할 수 있도록 도와주는 인간 교사도 꼭 필요한 것이다. 한 걸음 더 나아가 사람과 로봇이 서로 상생하는 교육 환경이 조성될 것이다.

앞에서도 설명했다시피, 세계경제포럼이 '일자리의 미래' 보고서에서 발표한 제4차 산업혁명 시대의 10대 핵심 역량은 대부분 사회적 기술과 인지 능력 영역에 속한다. 특히 이들 핵심 역량은 로봇이 아닌 사람과 적극적으로 상호작용하며 장시간 동안 점진적으로 키워 나가야 기를 수 있는 것이다. 교실에서 교사의 역할이 더욱 중요해지는 까닭이다.

평가하는 방법도 달라진다. 제3차 산업혁명 시대에는 획일화된 평가 기준에 따라 모든 학생의 학업성취도를 평가했지만 제4차 산업혁명 시대에는 학생 개인별로 차별화된 학습 목표를 세우고 학업성취도를 개별적으로 평가하게 될 것이다. 한편 학생들은 교육용 빅데이터를 활용한 맞춤형 교육 서비스를 제공 받게 된다. 수업이나 방과 후 활동을 통해 자신이 정한 학습 목표에 따라 각 역량별로 디지털 배지(badge)를 획득함으로써 e-포트폴리오를 확장해 나갈 수 있게 된다. 구체적 사례를 통해 더 상세히 알아보자.

2020년 3월. 올해 초등학교 5학년이 되는 주형은 발명가가 꿈이다. 초등학교에 입학하면서부터 발명가가 되고자 하는 꿈을 이루기 위해 담인 선생님과 미래 교육 전담 선생님과 함께 매학기 초 자기만의 학습 목표를 세웠다. 학교에서는 원래 짜여진 커리큘럼에 따라 배워야 하는 기초 교육 과성 시간을 제외하고는 개인 학습 목표를 성취하기 위해 개별 또는 그룹 학습 활동을 진행했다.

발명가가 꿈인 주형이 갖춰야 할 핵심 역량은 복합 문제 해결 능력, 비판적 사고 능력, 창의력과 감성 능력으로 나왔다. 학교에 가면 가장 먼저 하는 일은 학습용 컴퓨터에 접속하여 학습 상황을 확인하는 것이다. 학업 성적과 건강 상태, 학습 유형과 시간, 담임 선생님과 미래 교육 전담 선생님이 작성한 학생기록부,

방과 후 활동, 학원에서의 학습 현황 등 교육용 빅데이터를 바탕으로 한 학습분석학에서 제공되는 대시보드를 통해 현재 학습 상태를 확인하고, 학습 목표를 달성하기 위해 오늘 할 일과 이번 주까지 마쳐야 할 일 등을 꼼꼼히 확인할 수 있다.

그런데 오늘 확인해본 결과, 현재 감성 능력이 목표치보다 낮은 것으로 나와 빨간색으로 표시되어 있다. 담임 선생님과 미래 교육 전담 선생님에게 온 메시지를 확인해보니 이미 두 분 선생님이 주형이 감성 능력 역량을 강화하기 위해 어떤 수업을 듣고 학습 활동을 더 하면 좋을지 상세히 적어놓았다. 주형이 현재까지 학교 수업이나 방과 후 활동을 통해 모은 디지털 배지는 차곡차곡 e-포트폴리오에 쌓여 주형이의 핵심 역량 개발 및 강화 과정을 그대로 확인할 수 있도록 해준다.

주형은 지난 학기부터 공공데이터 분석 프로그램을 개발하고자 시도 중인데 풀리지 않는 부분이 있어 오늘 오후에는 미국 MIT 컴퓨터공학과 교수의 무료 공개 동영상 강좌 중에서 관련 내용을 찾아볼 예정이다. 자동 번역 기능 덕분에 영어로 진행되는 어려운 컴퓨터공학 수업도 한글로 쉽게 이해할 수 있기 때문이다.

앞에서 살펴본 제4차 산업혁명 시대의 교실에서는 수행 중심 교육(Performance based learning)*과 역량 중심 교육(Competency based learning)*이 함께 어우러져 진행될 것이다. 모든 학생은 자신이 정한 꿈을 언제든 바꿀 수 있다. 하지만 그동안 모은 디지털 핵심 역량 배지를 재평가함으로써 새로운 꿈을 이루기 위해 앞으로 어떤 역량을 더 키워 나가야 하는지도 바로 알 수 있다. 앞으로는 이렇게 유치원과 초등 · 중등 · 고등학교, 대학 및 평생교육 과정이 유기적으로 연동돼 학생들의 학습과 경력을 지속적으로 관리해주는 체계적인 교육이 지원될 것이다.

개인의 꿈을 실현하는 교육에 정답이 있을 수는 없다. 따라서 제4차 산업혁명 시대에 교실은 정해진 답을 외우고 평가하는 공간이 아니라 학생들이 뚜렷한 목표 의식을 가지고 자신의 꿈이라는 "새롭고 불분명한" 문제를 해결해 나가는 과정을 지원하는 교육의 장이 될 것이다.

---

* 수행 중심 교육은 직무상 필요한 지식과 기술을 제공하기 위해 설계된 학습 활동으로 이는 성과를 창출하기 위해 과업 수행에 필요한 내용을 중심으로 공부한다. 공부할 내용은 과제 분석에서 도출되고 학습 목표로 표현되며 PBE(Performance Behavior Evaluation)를 포함하는 경우가 많다. 수업 목표를 명확히 진술하고, 그 목표 달성을 위한 수업을 계획하고 시행하며, 학습 진도를 목표의 성취 수행을 근거로 평가한다.

* 역량 중심 교육은 역량을 바탕으로 구성된 교육 과정을 의미한다. 역량에는 지식, 기술, 태도 등이 포함되며, 최종적으로 이러한 구성 요소는 구체적인 행동 지표로 표현된다. 일반적으로 역량 기반 교육과정 개발은 3단계를 거친다. 첫째, 조직에서 필요로 하는 역량 및 그 역량에 관한 업무 성과 지표, 역량을 구성하는 하위 구성 요소를 주축으로 역량 모형 또는 역량 명세표를 작성한다. 둘째, 이 모형을 기반으로 조직이나 업무에서 필요로 하는 역량 수준에 비추어 현재 개인이 보유한 역량 수준을 진단하여 필요 수준과 현재 수준 간의 차이를 확인한다. 셋째, 이 격차를 해소하기 위한 다양한 학습 지원 체제를 설계·개발한다.

대학 교육의 변화

제4차 산업혁명 시대에 지식의 상아탑 대학은 어떤 역할을 하게 될까. 제4차 산업혁명 시대에는 대학에도 거대한 지각변동이 일어날 것이다. 기존에 학과나 학부로 구분지었던 각 전공별 벽은 무너지고 현존하지 않는 새로운 융복합 전공들이 생겨나게 될 것이다. 현실 세계를 등지고 고고한 학문의 길을 가는 '상아탑'으로서 대학이 아니라 현실 세계의 문제를 직시하며 융합하고 복합한 학문을 통해 적극적으로 복합 문제를 해결해가는 새로운 개념의 '21세기형 상아탑'으로 거듭날 것이다. 대학의 이런 변화는 다양한 전공 간의 수평적 융복합뿐 아니라 평생교육과 연계되는 수직적 융복합으로도 진행될 것이다. 하루가 멀다 하고 새로운 지식과 정보가 쏟아져 나오는 시대에 적응하기 위해 대학은 더 이상 고정된 학문의 집합체가 아니라 유기적으로 매순간 진화를 거듭하는 유연성을 확보하면서 지식과 정보 공유의 네트워크 속 허브(hub)의 역할을 수행하게 될 것이다.

세계경제포럼이 '일자리의 미래' 보고서에서 제시한 '복합 문제 해결 능력', '비판적 사고력', '창의력' 등 제4차 산업혁명 시대의 10대 핵심 역량을 고루 갖춘 인재를 양성하기 위해 대학은 학부나 학과의 다양한 전공을 합친 융복합 형태로 재편성돼 새로운 학부나 학과들이 생겨나게 될 것이다. 이미 많은 대학이 변화를 시도하고 있다.

예를 들어 미국의 카네기멜론대학교의 BXA 인터칼리지(Inter-college) 학부 프로그램은 인문학부(Humanities & Arts), 이과대학(Science & Arts), 컴퓨터공학과(Computer Science & Arts)의 3가지 서로 다른 학사 학위 프로그램을 합친 형태로 이미 운영되고 있다. 제4차 산업혁명 시대에 요구되는 리더는 인문학적 소양을 갖추고 글로벌 리더십과 함께 한 분야에 대한 전문성을 가진 의사소통형 인재라고 할 수 있다. 따라서 이 프로그램에 속한 학생들은 인문학과 자연과학, 컴퓨터공학 관련 수업을 들으며 졸업할 때 3가지 분야 중 자신에게 가장 잘 맞는 분야를 선택해 해당 학사 학위를 받게 된다.

카네기멜론대학교의 디자인, 예술 및 기술 통합 네트워크(Integrative Design, Arts & Technology Network) 학부 프로그램 역시 "생산자, 개발자, 공동 혁신자(Makers, Creators, Collaborative Innovators)"라는 모토로 서로 다른 15개 전공 분야 교수들이 수업을 진행하고 있는 융복합 학부 프로그램이다. 세부 전공으로는 게임 설계(Game De-

카네기멜론대학교의 디자인, 예술 및 기술 통합 네트워크 학부 프로그램

sign), 애니메이션과 특수효과(Animation and Special Effects), 미디어 설계(Media Design), 음향 설계(Sound Design), 학습 매체(Learning Media), 혁신과 기업가정신(Innovation and Entrepreneurship), 지식 환경(Intelligent Environments), 피지컬 컴퓨팅(Physical Computing) 등이 있다. 테크놀로지와 예술을 융복합해 교육 시너지를 최대화하고 융복합 전문가를 양성하는 데 목적이 있다.

대학원과 학부를 연계한 융복합 프로그램도 있다. MIT의 미디어랩(Media Lab)은 대학원 과정이지만 학부생도 참여할 수 있다. 미디어랩 융복합 프로그램의 특징은 미디어와 과학기술의 융복합이라는 큰 틀 안에서 생명과학과 나노기술, 가상현실과 유비쿼터스(Ubiquitous)* 등 연구 영역에 제한을 두지 않고 무한히 열린 방

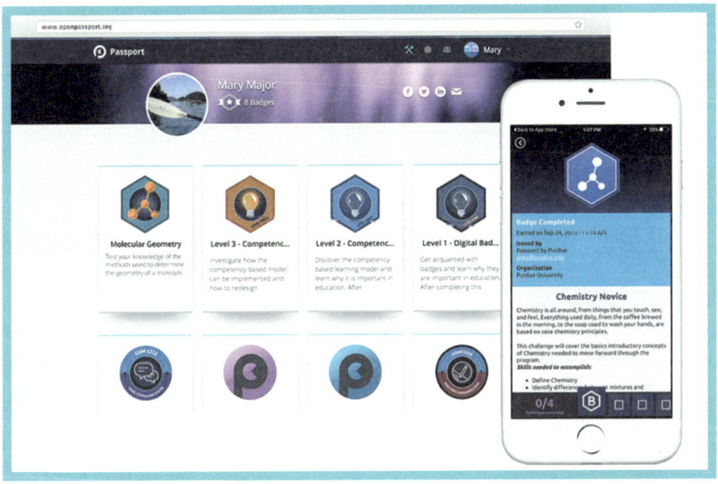

퍼듀대학교의 오픈 패스포트

식으로 운영되는 것이다.

한편 제4차 산업혁명 시대에는 대학 교육에도 역량 기반 학습이 도입될 전망이다. 각 대학은 대학의 인재상을 정립하고 학생들이 졸업할 때까지 핵심 역량을 키울 수 있도록 지원해준다. 각 수업에서의 평가는 수행 중심 평가(Performance based assessment)과 역량 중심 평가(Competency based assessment)가 동시에 진행된다. 수행

* '언제 어디에나 존재한다'는 뜻의 라틴어로, 사용자가 컴퓨터나 네트워크를 의식하지 않고 장소에 상관없이 자유롭게 네트워크에 접속할 수 있는 환경을 말한다. 컴퓨터에 어떤 기능을 추가하는 것이 아니라 자동차·냉장고·안경·시계·스테레오 장비 등과 같이 기기나 사물에 컴퓨터를 집어넣어 커뮤니케이션이 가능하도록 해주는 정보기술(IT) 환경 또는 정보기술 패러다임을 뜻한다. 휴대성과 편의성뿐 아니라 시간과 장소에 구애받지 않고도 네트워크에 접속할 수 있는 장점 때문에 세계적인 개발 경쟁이 일고 있다.

중심 평가는 기존의 방식과 마찬가지로 중간고사나 기말고사, 과제와 그룹 프로젝트 등의 성적을 바탕으로 평가된다. 반면에 역량 중심 평가는 학습 주제나 활동별로 관련된 역량을 정해 학습 목표를 성취할 경우에 받는 역량별 디지털 배지로 평가된다.

이를테면 미국 퍼듀대학교의 경우, 1995년에 이미 비판적 사고(Critical Thinking), 의사소통(Communication), 탐구 방법(Methods of Inquiry), 국제적 감각(Global Awareness), 전문 지식(Content Knowledge), 윤리(Ethics), 정보 활용 능력(Information Literacy), 평생학습(Lifelong Learning) 등 대학의 8대 핵심 역량을 선정하고 전공이나 교양 수업을 통해 각 역량을 강화하는 교육 방안을 마련하였다. 물론 교육 목표는 졸업할 때 8대 핵심 역량을 모두 갖춘 인재를 배출하는 것으로 역량 평가 방식도 나름대로 구축하고 있다. 현재는 '오픈 패스포트(Open Passport)'라는 디지털 배지 시스템을 이용해 수업에서 받은 각 역량별 디지털 배지를 모아서 관리하는 방법을 개발하는 중이다.

기계공학과의 경우 ABET 공학인증제(Accreditation Board for Engineering and Technology)에서 요구하는 핵심 역량을 중심으로 각 수업에서 얻을 수 있는 개별 역량을 정리해 역량 중심 평가를 시행하고 있는데, 프로그램 단위의 핵심 역량을 대학 전체 단위의 8대 핵심 역량과 연결 짓는 방법을 개발 중이다. 퍼듀대학교 기계공학과 2학년 학생은 2학기 때 기계디자인 수업을 수강해야 하는데 이 수업을 통해 비판적 사고, 의사소통, 탐구 방법, 전문 지식, 윤리,

Matrix of ME Program Outcomes vs. Required Courses

ME Program Outcomes	Sem. 1					Sem. 2				
Rev 4/3/13	MA 165 Analy. Geom. & Calculus I	CHEM 115 General Chemistry	ENGR 131 Ideas to Innovation I	CGT 163 Graphical Comm. and Spatial Analy.	ENGL 106/108 First Year Composition	MA 166 Analy. Geom. & Calculus II	ENGR 132 Ideas to Innovation II	PHYS 172 Modern Mechanics	Science Select. (CHM 116, CS 159, or BIOL 110)	COM 114 Fundamentals of Speech Comm.
Credit Hours	4	4	3	2	3	4	2	4	3	3
Average Workload (hours/week)	12	12	12	6	6	12	12	12	12	6
A. Engineering Fundamentals										
A1. Engineering Fundamentals (a)	P	P	P			F	P	P	P	
A2. Analytical Skills (e)	P	P	P	P		F	P	P	P	
A3. Experimental Skills (b)		P		P				P	V	
A4. Modern Engineering Tools (k)								P		
A5. Design Skills (c)			P	P			P			
A6. Impact of Engineering Solutions (h)			P				P			
B. Professional Skills										
B1. Communications (g)		S	P	P	P		P	P	V	P
B2. Teamwork (d)			P				P	P	V	
B3. Professional and Ethical Responsibility (f)										
B4. Contemporary Issues (j)										
B5. Life-Long Learning (i)										
C. Emerging Skills										
C1. Leadership (l)			P				P			
C2. Global Skills (m)										
C3. Innovative (n)			P				P			
C4. Entrepreneurship (o)			P				P			

ME Program Outcomes	Sem. 3						Sem. 4					
Rev 4/3/13	ME 200 Thermodynamics I	ME 270 Basic Mechanics I (Statics)	ME 290 Global Engrng Professional Sem.	MA 261 Multivariate Calculus	PHYS 241 Electricity & Optics	Economics Elective	ME 263 Intro. to ME Design, Innov. & Entre.	ME 274 Basic Mechanics II (Dynamics)	ECE 201 Linear Circuit Analysis	ECE 207 Electronic Measurement Techniques	MA 262 Lin. Algeb. and Ordinary Diff. Eqns.	World & Cultural Affairs Elective
Credit Hours	3	3	1	4	3	3	3	3	3	1	4	3
Average Workload (hours/week)	13	13	3	13	13	6	18	13	13	5	13	6
A. Engineering Fundamentals												
A1. Engineering Fundamentals (a)	P	P		P	P		P	P	P	P	P	
A2. Analytical Skills (e)	P	P		P	P		P	P	P	P	P	
A3. Experimental Skills (b)										P		
A4. Modern Engineering Tools (k)							P			P		
A5. Design Skills (c)							P					
A6. Impact of Engineering Solutions (h)						P	P					V
B. Professional Skills												
B1. Communications (g)	S	S	P				P	S		P		
B2. Teamwork (d)							P			P		
B3. Professional and Ethical Responsibility (f)			P				P					
B4. Contemporary Issues (j)			P			P						P
B5. Life-Long Learning (i)			P				P					
C. Emerging Skills												
C1. Leadership (l)			P				P					
C2. Global Skills (m)			P				P					P
C3. Innovative (n)							P					
C4. Entrepreneurship (o)							P					

ME Program Outcomes	Sem. 5					Sem. 6					
Rev 4/3/13	ME 309 Fluid Mechanics	ME 323 Mechanics of Materials	ME 365 Systems & Measurements	MA 303 Part. Diff. Eqns for Engrs & Scient.	General Education Elective (GE - 1)	ME 300 Thermodynamics II (RE - 1)*	ME 352 Machine Design I	ME 375 System Modeling & Analysis	MSE 230 Structure & Properties of Materials	Professional Elective (PE - 1)	General Education Elective (GE - 2)
Credit Hours	4	3	3	3	3	3	4	3	3	3	3
Average Workload (hours/week)	18	13	18	13	6	18	18	13	13	13	6
A. Engineering Fundamentals											
A1. Engineering Fundamentals (a)	P	P	P	P		P	P	P	P	V	
A2. Analytical Skills (e)	P	P	P	P		P	P	P	P	V	
A3. Experimental Skills (b)	P		P							V	
A4. Modern Engineering Tools (k)	P		P				P	P		V	
A5. Design Skills (c)	S						P			V	
A6. Impact of Engineering Solutions (h)					V		S			V	V
B. Professional Skills											
B1. Communications (g)	P	S	P			S	P	S		V	
B2. Teamwork (d)	P		P				P			V	
B3. Professional and Ethical Responsibility (f)		P			V			S		V	V
B4. Contemporary Issues (j)					V					V	V
B5. Life-Long Learning (i)					P					P	P
C. Emerging Skills											
C1. Leadership (l)	S		S				S			V	
C2. Global Skills (m)					V					V	V
C3. Innovative (n)										V	
C4. Entrepreneurship (o)										V	

ME Program Outcomes	Sem. 7					Sem. 8				
Rev 4/3/13	ME 315 Heat & Mass Transfer	ME 475 Automatic Control Systems (RE - 2)*	Professional Elective (PE - 2)	Free Elective	General Education Elective (GE -3)	ME 462 Machine Design II (RE - 3)*	ME 463 Engineering Design	Professional Elective (PE - 3)	Professional Elective (PE - 4)	General Education Elective (GE - 4)
Credit Hours	4	3	3	3	3	3	3	3	3	3
Average Workload (hours/week)	18	18	13	6	6	18	18	13	13	6
A. Engineering Fundamentals										
A1. Engineering Fundamentals (a)	P	P	V	V		P	P	V	V	
A2. Analytical Skills (e)	P	P	V	V		P	P	V	V	
A3. Experimental Skills (b)	P	P	V	V			P	V	V	
A4. Modern Engineering Tools (k)	P	P	V	V		P	V	V	V	
A5. Design Skills (c)	P	P	V	V		P	P	V	V	
A6. Impact of Engineering Solutions (h)	S		V	V		S	P	V	V	V
B. Professional Skills										
B1. Communications (g)	P	P	V	V		P	P	V	V	
B2. Teamwork (d)	P	P	V	V		S	P	V	V	
B3. Professional and Ethical Responsibility (f)			V	V	V		P	V	V	V
B4. Contemporary Issues (j)			V	V	V			V	V	V
B5. Life-Long Learning (i)			P	P	P		P	P	P	P
C. Emerging Skills										
C1. Leadership (l)	S	S	V	V		S	P	V	V	
C2. Global Skills (m)			V	V	V			V	V	V
C3. Innovative (n)			V	V			P	V	V	
C4. Entrepreneurship (o)			V	V			P	V	V	

P = Primary Cutcome S = Secondary Outcome V = Variable Outcome (depending on elect. chosen)

퍼듀대학교 기계공학과에서 시행 중인 공학인증제 역량표

평생학습 등의 핵심 역량을 기르게 된다.

2015년 미국 노동통계청(US Bureau of Labor Statistics) 보고서에 따르면, 미국인이 평생 갖는 일자리 개수는 평균 11.7개, 영국인은 9개로 나타났다. 우리나라에서도 이미 평생직장의 개념이 사라진 지 오래다. 2016년 5월 통계청이 발표한 자료에 따르면, 15~29세 청년층의 첫 직장 근속 기간은 평균 1년 6개월에 불과했다. 유럽연합(EU)의 경우 2011년 7월부터 2012년 6월까지 조사한 자료에 따르면, 유럽연합 28개국에 사는 25세 이상 64세 미만의 사람들 중에서 40.3%가 평생교육을 받은 것으로 나타났다.

제4차 산업혁명 시대에는 지금보다 평생교육이 크게 활성화되고 대학 교육에서도 평생교육의 개념이 확대될 것이다. 대학에서 4년간 잘 공부해서 졸업하는 것으로 끝나는 것이 아니라 졸업 후에도 언제든 체계적인 교육을 받고 새로운 분야로 옮겨 일을 할 수 있도록 평생교육을 받는 시대가 될 것이다. 평생교육과 온라인 교육이 확대됨으로써 양질의 교육을 언제 어디서든 원하는 순간에 들을 수 있는 '유비쿼터스 교육' 시대가 열릴 것이다.

PART 2

제4차 산업혁명 시대, 교육은 어떻게 진화할까

아바타가 토론을 한다고?
— 가상현실과 증강현실

사물인터넷(IoT), 인공지능(AI), 머신러닝, 가상현실(VR)과 증강현실(AR), 3D 프린팅 등 제4차 산업혁명을 대표하는 혁신적 요소들은 교육에도 활용되어 교육의 변화를 주도하게 될 것이다. 사물인터넷과 정보 통신 기술의 발달은 언제 어디서든 시간과 장소의 제한을 받지 않고 원하는 내용을 공부할 수 있도록 유비쿼터스 교육 환경을 제공해준다. 인공지능과 머신러닝 기술 덕분에 단순한 내용은 암기할 필요 없이 언제든 필요할 때 찾아볼 수 있으므로 우리는 복합 문제를 해결하기 위해 인지적 유연성을 가지고 비판적이고 창의적인 사고력을 강화하는 데 주력할 수 있다. 또한 3D 프린팅 기술의 발달과 3D 프린터 보급의 확대에 힘입어 상상에만 그치던 아이디어를 현실 속에서 직접 만지고 보면서 공부할 수 있게 된다.

특히 제4차 산업혁명의 핵심 기술인 가상현실과 증강현실은 교육 방법에 획기적 변화를 가져올 전망이다. 우선 가상현실과 증강현실의 사전적 정의를 살펴보자. 가상현실은 "어떤 특정한 환경이나 상황을 컴퓨터로 만들어서 그것을 사용하는 사람이 마치 실제 주변 상황·환경과 상호작용을 하는 것처럼 만들어주는 인간-컴퓨터 사이의 인터페이스"를 말한다. 증강현실은 "사용자가 눈으로 보는 현실 세계에 3차원 가상 물체를 겹쳐 보여주는 기술"이다. 가상현실과 증강현실 기술은 비즈니스 영역에서는 이미 게임 등에 도입되어 활발히 사용돼왔다. 요즈음에는 인테리어 등에도 가상현실과 증강현실 기술이 활용되어 새 가구가 집에 배치되었을 때의 모습을 미리 보여주는 기술이 이미 쓰이고 있다. 또 매장에 가거나 인터넷에서 상품을 구입하지 않고도 사전에 증강현실을 통해 상품을 사용해보고 나서 구매를 결정할 수 있는 프로그램이 개발 중에 있다.

가상현실과 증강현실 기술이 반영된 미래의 교육은 어떤 모습일까?

가상현실 현장학습

가상현실 기술은 교육에 새로운 형태의 현장학습을 제시한다. 오늘날 현장학습을 한번 떠올려보자. 초등학교에서 경복궁으로 현장학습을 떠나는 날 아침 선생님과 학생들은 대형버스에 올라타 경복궁으로 이동한다. 그런 다음 가이드 선생님에게 건축물에 대한 설명도 듣고 조선시대 왕들의 이야기도 들으면서 경복궁 곳곳을 돌아보다 오후에 다시 버스를 타고 학교로 돌아온

학생들이 VR 헤드셋을 쓰고 가상현실을 이용한 현장학습을 하고 있다.

다. 비가 오는 날이면 현장학습이 취소되기도 하고 가는 길이 너무 막혀 오전 늦게나 경복궁에 도착하는 경우도 왕왕 있을 것이다. 경복궁이 너무 넓은 나머지 시간이 모자라 근정전과 사정전만 보고 돌아와야 하는 경우도 있을 것이다. 또한 가이드 선생님이 어떤 사람이냐에 따라 자세한 정보를 얻을 때도 있지만 소략한 정보만 얻고 돌아올 때도 있을 것이다.

가상현실 현장학습은 어떤 모습일지 머리 속에 그려보자. 가상현실 현장학습을 하는 날 오전에 선생님과 학생들이 교실에 모여 VR 헤드셋을 착용하는 순간 경복궁이 바로 눈앞에 생생하게 펼쳐진다. 선생님이 이번 경복궁 가상현실 현장학습의 학습 목표와 주의 사항을 간단히 설명하고 나자 가이드 선생님이 화면에 나타나 안내를 시작한다. 홍례문, 영제교, 근정문, 근정전, 비현각, 자선당, 사정전, 수정전 등 경복궁 내 주요 시설을 돌아보며 건축물에 얽힌 역사나 조선시대 왕들의 이야기를 들으며 구석구석 돌아본다. 좀 더 자세한 정보를 알고 싶을 때에는 건축물 옆에 있는 단추를 누르면 상세한 정보가 나와 심화 학습을 할 수 있다. 날씨 때문에 현장학습이 취소되는 경우도 없고 길이 막혀 현장에 늦게 도착하는 일도 없다. 또 집에 돌아와 좀 더 공부하고 싶은 경우에는 개인용 VR 헤드셋을 착용하고 접속하기만 하면 된다. 오전에 학교에서 했던 가상현실 현장학습 기록이 저장되어 있어 바로 연결하여 공부할 수 있다.

가상현실 기술은 학생들이 언제든 자신이 원하는 박물관이나 미술관, 사적지든 관공서든 상관없이 찾아가 구석구석 돌아다니며 작품과 전시품을 하나하나 감상하면서 상세한 정보를 얻을 수 있도록 해준다. 와이파이(Wi-Fi)로 연결하면 친구들과 다 함께 같은 곳으로 가상현실 현장학습을 가서 공부할 수도 있다. 언제든 다시 접속하기만 하면 원하는 정보를 몇 번이고 반복해 공부할 수 있다는 장점도 있다. 특히 앉은 자리에서 전 세계 어디로든 가상현실 현장학습을 떠날 수 있어 여행 경비나 일정에 상관없이 효과적이고 효율적으로 공부할 수 있다.

가상현실과 증강현실 직무 교육

가상현실과 증강현실 기술이 가장 큰 영향을 미치게 될 분야는 직무 교육이다. 과거 군대에서 군사용으로만 사용되던 가상현실과 증강현실 기술을 대학이나 기업 또는 기관의 직무 교육에 도입하면서 직무 교육 환경이 큰 변화를 보이게 된다.

고가의 장비를 다루거나 위험한 작업을 해야 하는 경우에 가상현실 기술은 설정된 가상의 상황 속에서 반복 훈련을 할 수 있어 비용과 위험률을 줄이는 효과를 가져다준다. 예를 들어, 소방 분야에서는 가상현실 기술을 이용해 화재 현장에서 일어나는 상황별 훈련을 진행함으로써 소방관의 안전을 지키고 화재 진압 시간을 단축하는 효과를 얻을 수 있다. 또한 증강현실 기술은 실제 작업을 수행해야 하는 순간에 실시간으로 작업과 관련된 정보를 제공해 처음 장비를 사용하는 초보자도 숙련된 기술자와 같은 성과를 낼 수 있도록 지원해준다.

특히 사람의 생명을 다루는 분야로 실제 인체를 이용해 실습을 하기 어려운 의료 분야의 경우에는 가상현실과 증강현실 기술이 도입됨으로써 수술 성공률을 향상시킬 수 있을 것으로 기대된다. 건축 분야의 경우에도 대형 건물이나 대교 등을 직접 만들어 보며 실습을 진행하는 것은 불가능하다. 가상현실 기술을 이용하면 현장 상황을 확인하고 여러 종류와 구조의 대형 건물과 대교를 가상으로 세워봄으로써 내구성 등을 미리 점검해볼 수 있다. 따라서 건축 분야에도 가상현실 기술이 적용되는 빈도가 점차 증가하고 있는 추세다.

한편 아무리 교육 투자가 잘 이루어진다고 하더라고 일반 대

증강현실을 이용하면 인체 내부의 모습을 실감나게 공부할 수 있다.

학에서 최신 장비를 일일이 구비하고 있기는 어렵다. 대체로 교육용 기자재의 교체 주기는 기업의 기자재 교체 주기보다 긴 편이라 대학에서 최신 장비를 이용해 실습하는 것이 쉽지 않은 형편이다. 가상현실 기술을 이용한다면 일반 대학에서도 학생들이 최신 장비로 실습할 수 있는 환경이 제공될 것이다.

증강현실 교실 수업

증강현실 기술은 제4차 산업혁명 시대의 교실 수업에도 획기적 변화를 가져올 것이다. 대부분의 교재는 글씨로 구성된 평면이 아니라 증강현실로 구현된 3차원 입체 멀티미디어로 정보를 제공하게 된다. 학생들은 눈앞에서 뛰어노는 주라기 시대 공룡

헤드업 디스플레이 모니터를 이용한 수업

의 움직임을 직접 확인하고 인체 내부에서 음식물이 소화되는 과정을 3D 입체로 직접 보면서 공부할 수 있게 된다. 지구본에서 오스트레일리아를 누르면 오스트레일리아 지도가 확대되어 나타나고, 시드니의 오페라하우스를 선택하면 오페라하우스의 실내 모습이 투영되어 내부를 자세히 들여다볼 수도 있다.

아침에 학교에 가서 책상 안에 내장된 컴퓨터에 접속하면 헤드업 디스플레이가 나와 선생님의 수업을 들으며 강의 자료를 함께 공부할 수 있다. 또 방과 후 집에서 다시 학교 학습관리시스템(Learning Management System : LMS)에 접속하면 수업 중에 작성한 필기 내용을 그대로 확인할 수 있다. 무선 통신과 웨어러블(wearable technology)*, 유비쿼터스 기술 등의 발달로 달리는 버스 안이나 커

가상현실 온라인 수업 장면

피 전문점에서도 노트북을 들고 다닐 필요 없이 언제든 유비쿼터스 기기를 이용해 인터넷에 접속하면 전 세계의 관련 자료를 찾아 공부할 수 있다.

가상현실 온라인 수업

교수와 학생이 교실에서 수업을 진행하는 전통적 방식의 오프라인 수업에 비해 온라인 수업은 학생들이 느끼는 사회적 존재

* 정보 통신(IT) 기기를 사용자 손목, 팔, 머리 등 몸에 지니고 다닐 수 있는 기기로 만드는 기술. 초소형 부품과 초박막형의 휘는(플렉서블) 디스플레이, 스마트 센서, 저전력 무선 통신, 모바일 운영 체제 등 IT 기술이 일상생활에서 사용되는 시계, 안경, 옷, 헬멧 등에 접목되어 사용자에게 언제 어디서나 컴퓨팅 환경을 제공한다.

감이 낮아 학습 효과가 떨어질 수 있다는 우려도 있다. 하지만 가상현실이 온라인 수업에 도입되면 이런 우려는 곧 사라질 것이다.

캐나다 브리티시콜롬비아대학교의 존 페스팅거(John Festinger) 교수가 2014년 법학 수업에서 가상현실 온라인 수업을 진행한 결과 학생들이 온라인 수업에서도 높은 사회적 존재감을 나타낸 것으로 나타났다. 페스팅거 교수의 가상현실 온라인 수업에서는 교수와 학생이 각자 자기만의 아바타를 만들어 실제 강의실에 모여서 수업을 진행하듯이 가상현실 교실에 모여 수업을 진행했다. 학생들은 VR 헤드셋을 착용하고 가상현실 교실에 접속한 뒤 페스팅거 교수의 강의를 듣고 토론을 하는 등 다양한 학습 활동을 했다.

가상현실 온라인 수업은 온라인상에서 학생들이 활발하게 협업하여 공부할 수 있는 환경도 제공한다. 그룹 프로젝트를 수행할 경우 자신의 아바타를 이용해 가상현실 온라인 수업에 접속하면 다른 학생의 아바타를 보면서 함께 그룹 프로젝트를 진행할 수 있다. 기존의 온라인 토론이 문자 기반으로 이루어졌다면 가상현실 온라인 수업에서는 음성과 영상, 문자와 이미지 등 멀티미디어를 활용한 온라인 토론이 가능할 전망이다. 더 나은 학습 효과를 거둘 수 있는 것은 물론이다.

로봇에게 배운다
— 인공지능과 머신러닝

아마존 에코(Echo)*나 구글 홈(Google Home)* 등 가정형 인공지능(Artificial Intelligence : AI) 제품들에 대한 관심이 뜨겁다. 컴퓨터공학과나 대형 연구소의 슈퍼컴퓨터 랩에서나 볼 수 있을 것 같았던 인공지능(AI) 컴퓨터를 우리 일상에서 흔히 볼 수 있게 된 것이다. 또한 인공지능에 머신러닝(Machine learning) 기술이 도입되면서 인공지능 컴퓨터는 일반적 정보만 제공하는 것이 아니라 개인의 성향이나 행동 패턴 등을 학습해 개인화된 정보를 제공하는 수준에 이르렀다. 즉 다음 주에 있을 친

* 아마존이 제공하는 서비스 기기로 음성 인식을 통해 집 안에서 제품을 주문할 수 있다. 또 무선 스피커 기능이 있어서 아마존이 제공하는 음악 스트리밍 서비스나 오디오북 서비스를 이용할 수도 있다. 음성 명령을 통해 다른 스마트 기기를 제어할 수도 있다.

* 사용자의 음성을 인식해 질문을 파악하고 음악 재생, 예약, 스케줄 조회, 메시지 전송 등을 수행하는 AI 비서 시스템인 구글 어시스턴트를 집 안에서 사용할 수 있도록 한 단말기.

구의 생일 파티에 어떤 옷을 입고 가면 좋을지 가정형 인공지능 제품에 물어보면 인공지능 제품이 나의 개인적 취향과 그동안 의류 구매 패턴 정보 등을 수집하면서 학습한 결과와 최신 유행 정보 등을 함께 분석해 내 마음에 쏙 드는 옷을 제안해준다. 한 걸음 더 진화한 인공지능과 머신러닝 기술은 교육에도 적용돼 다양한 변화를 가져오게 될 것이다.

인공지능(AI) 조교

인공지능을 수업의 조교로 활용하는 시도는 이미 2016년에 미국 조지아공대의 아쇽 고엘(Ashok Goel) 교수에 의해 시도되었다. 조지아공대 컴퓨터공학과 인공지능 수업에서 질 왓슨(Jill Watson)이란 인공지능 컴퓨터를 조교로 활용하는 실험을 했는데, 한 학기가 끝날 때까지 학생들은 조교 질 왓슨이 컴퓨터라는 사실을 전혀 알아채지 못했다. 인공지능 조교 질 왓슨이 학기 내내 학생들의 이메일에 답장을 하고 온라인상에서 학생들이 올리는 질문에 답변을 달고 토론 주제를 올리기도 하고 주제별 토론을 유도했지만 아무도 조교 질 왓슨이 사람이 아니라 컴퓨터라고 의심조차 하지 않았다.

인공지능 조교에 머신러닝 기술이 접목되면서 학습의 개인화를 촉진하고 개인별 학습 효과를 크게 향상시킬 수 있게 되었다. 예를 들어 파이썬(Python)이란 프로그램을 이용한 코딩 수업에서는 인공지능 조교가 지난 수년간 학생들이 오답을 낸 경향과 원인을 분석한 결과를 토대로 현재 수강생 중 오답을 고른 학생이 자신의 오류를 스스로 파악할 수 있도록 돕는다. 또한 오답을 고른 학생이 정답을 찾아 나갈 수 있도록 유도하는 힌트를 제공하는 방식으로 교육 효과를 높일 수 있다.

인공지능 조교는 로봇의 형태로 우리 눈에 보일 수도 있지만 컴퓨터 속에 감춰진 형태로 모습을 볼 수 없는 경우도 있다. 로봇이 사람의 모습과 행동을 그대로 모방하도록 하는 기술이 점점 발달함에 따라 로봇을 사람으로 착각하여 발생하는 문제에 대한 우려도 커지고 있다. 아바타를 이용한 가상현실 온라인 수업에서는 인공지능 조교도 아바타의 모습으로 나타나기 때문에 사람과 구별하기 어려운 것이 사실이다. 하지만 인공지능 조교를 통해 얻게 될 교육 효과적 측면을 생각한다면 이러한 우려를 어떻게든 줄여 나갈 필요가 있다. 누가 봐도 명확히 사람과 구별할 수 있는 로봇이나 컴퓨터로 인공지능 조교의 모습을 구현한다면 인공지능 조교가 가져올 교육 효과를 극대화시킬 수 있을 것이다.

인공지능 가정교사

인공지능 기술의 발달에 힘입어 아마존 에코나 구글 홈과 같은 가정형 인공지능 제품처럼 교육용 인공지능 개인 가정교사가 우리 곁에 등장할 것이다. 학생들이 저마다 자신이 원하는 인공지능 가정교사를 정하면 그때부터 인공지능 가정교사는 때로는

친구처럼 때로는 멘토처럼 옆에서 개인 학습 과정을 함께하게 된다.

인공지능 가정교사는 우리가 궁금한 점을 물어볼 경우 단순히 인터넷에 접속해 검색 내용을 답해주는 음성 인식 컴퓨터 수준을 벗어나 훨씬 체계적이고 종합적인 교육 서비스를 제공해준다. 우선 인공지능 가정교사는 학교의 학습관리시스템과 연동되어 학사 일정이나 과목별 성적, 생활기록부까지 열람이 가능해 학생 개인의 학습 정보를 체계적으로 관리할 수 있다. 또한 학생 개인의 미래 희망 직업에 대한 정보를 기반으로 핵심 역량별 성취도를 지속적으로 확인하면서 개개인이 미래 희망 직업에 맞는 핵심 역량을 갖출 수 있도록 장기적으로 관리해준다. 특히 교사가 요청할 경우 학생 개인의 학습 현황을 알려줄 수 있어 공교육과 사교육의 허브(Hub) 역할도 수행하게 된다.

인공지능 가정교사와 하루를 보내는 영희의 일상을 한번 상상해보자. 고등학교 1학년인 영희는 우주항공 분야의 엔지니어가 되는 것이 꿈이다. 초등학교에 입학하면서부터 친구가 된 인공지능 가정교사를 영희는 "버디"라 부르며 늘 함께해왔다. 오전 7시, 영희는 인공지능 가정교사의 알람으로 잠에서 깨어나 학교에 갈 준비를 한다. 인공지능 가정교사는 영희에게 오늘 하루 일과를 간략히 이야기하고 오늘까지 제출해야 하는 숙제를 알려준다. 학교에서 영희가 수업을 듣는 동안 인공지능 가정교사는 학교의 학습관리시스템에 접속해 지난주에 영희가 망친 물리 시험이 다음 주에 또 있다는 것을 확인하고 영희의 스마트폰 달력에 전송해둔다.

우주항공 분야의 엔지니어가 되기 위해 갖춰야 할 핵심 역량은 복합 문제 해결 능력, 비판적 사고 능력, 창의력, 협업 능력, 판단 및 의사 결정 능력, 인지적 유연력 등으로 지금까지 영희는 평균 이상의 수준을 유지하는 다른 역량에 비해 창의력이 낮은 편이다. 마침 담임 선생님이 영희의 학습 현황 자료를 요청하여 인공지능 가정교사가 메일을 발송했더니 영희의 창의력을 강화하기 위해 이번 여름에 창의력 캠프에 가보라고 권하는 답장이 왔다. 집에 돌아와 담임 선생님이 추천한 창의력 캠프의 세부 내용을 확인한 영희는 부모님과 상의하여 캠프 등록을 마친다. 인공지능 가정교사는 영희에게 오늘 할 숙제를 알려준 다음 창의력 캠프 서버에 접속하여 캠프가 끝났을 때 창의력이 얼마나 향상되는 효과가 있는지 정보를 수집해둔다.

밤 9시쯤 영희의 건강 상태를 관찰하던 인공지능 가정교사는 영희의 체온이 2도나 오른 것을 발견한다. 지금까지 영희와 함께하며 영희의 건강 정보를 머신러닝 해온 결과 영희는 체온이 2도 이상 올라가면 해열제를 복용해야 한다. 인공지능 가정교사는 바로 영희에게 알려 해열제를 복용하도록 한 뒤 혹시 몸에 다른 이상이 없는지 영희의 몸 상태를 세밀히 점검한다. 밤 10시쯤 영희가 해열제를 먹고 일찍 잠든 후에도 인공지능 가정교사는 실내 온도와 영희의 체온을 계속 관찰하며 아침까지 영희의 건강 상태를 확인한다.

영희의 하루에서 알 수 있듯이, 인공지능 가정교사는 머신러닝 기술을 이용해 개인의 학습 패턴과 건강 상태, 좋아하는 과목과 잘하는 과목 등을 지속적으로 분석해 개개인이 자신이 가장 좋아하고 잘하는 분야에서 역량을 펼치는 인재로 성장할 수 있도록 늘 곁에서 멘토 역할을 수행하게 된다.

인공지능 조교나 가정교사의 등장이 교육계에 위협이 될 수 있다는 우려도 있다. 하지만 앞에서 살펴본 것처럼 제4차 산업혁명 시대에 인공지능 조교나 가정교사는 보조 역할을 수행하며 개개인이 최대의 교육 효과를 얻을 수 있도록 지원해줄 뿐이다. 보다 고차원적인 교육을 수행하는 교사의 역할은 더욱 중요해질 것이다.

새로운 학위 인증 시스템, 블록체인

은행을 거치지 않고도 전 세계 누구에게나 돈을 직접 보낼 수 있다면? 해킹할 수 없는 클라우드 저장소가 있다면? 관리자가 필요 없는 인터넷 주소 시스템이 있다면? 이 모든 일을 가능하게 할 제4차 산업혁명의 핵심 기술이 바로 블록체인(Blockchain)*이다. 가상의 전자화폐 거래 방식인 블록체인이 앞으로 금융 거래에 불러올 변화는 어마어마하다. 우리가 알던 정부와 은행도 블록체인 세상에서는 더는 필요가 없을지도 모른다. 은행이 화폐를 발행하고 거래를 기록한 것과 달리 블록체인 기술은 P2P 네트워크를 통해 화폐를 발행하고 거래를 기록하게 해준다. 블록체인 기술은 서로가 서로를 보증하게

* 공공 거래 장부라고도 부르며 가상 화폐로 거래할 때 발생할 수 있는 해킹을 막는 기술. 기존 금융 회사의 경우 중앙집중형 서버에 거래 기록을 보관하는 반면, 블록체인은 거래에 참여하는 모든 사용자에게 거래 내역을 보내주며 거래 때마다 이를 대조해 데이터 위조를 막는 방식을 사용한다. 대표적인 온라인 가상 화폐인 비트코인에 적용되어 있다.

해주므로 정부가 우리 신원을 등록하고 보증할 필요가 없다.

우리 삶을 송두리째 바꿔놓을 블록체인 개념이 세상에 공개된 것은 2008년에 사토시 나카모토(Satoshi Nakamoto)를 닉네임으로 사용하는 익명의 프로그래머가 "비트코인 : P2P 전자 화폐 시스템(Bitcoin : A Peer-to-Peer Electronic Cash System)"이라는 논문을 발표하면서부터다. 사실 블록체인의 원리는 간단하다. 중요한 일일수록 투명하게 공개하여 관리해야 한다는 것이다. 송금하는 과정을 예로 들면 이해가 쉬울 것이다. 친구 A가 친구 B에게 100만 원을 송금한다고 치자. 기존의 송금 방식으로는 친구 A가 은행을 통해 송금을 하면 은행의 중앙 시스템에서 친구 A의 통장에는 마이너스 100만 원을, 친구 B의 통장에는 플러스 100만 원을 기록함으로써 송금 과정이 끝나게 된다. 하지만 이 경우에 은행 중앙 시스템의 보안을 유지하기 위해 상당한 비용을 지출해야만 하고 컴퓨터 작동 문제나 해킹 등으로 중앙 시스템에 거래 기록이 바뀌거나 지워질 위험성이 있다.

블록체인을 이용해 송금을 하는 경우에는 친구 A가 친구 B에게 100만 원을 송금하기 위해서는 블록체인 네트워크에 가입한 다음 100만 원 가치의 전자 화폐인 비트코인을 구입하여 송금을 신청하기만 하면 된다. 그러면 신규 송금 내역에 대한 블록이 하나 생성되고 블록체인 네트워크 내 모든 참여자에게 내역이 전송된다. 마지막으로, 블록체인 네트워크 내 모든 거래 내역이 들어 있는 똑같은 장부를 공유한 네트워크 내 참여자들의 승인을

블록체인 네트워크 개념도

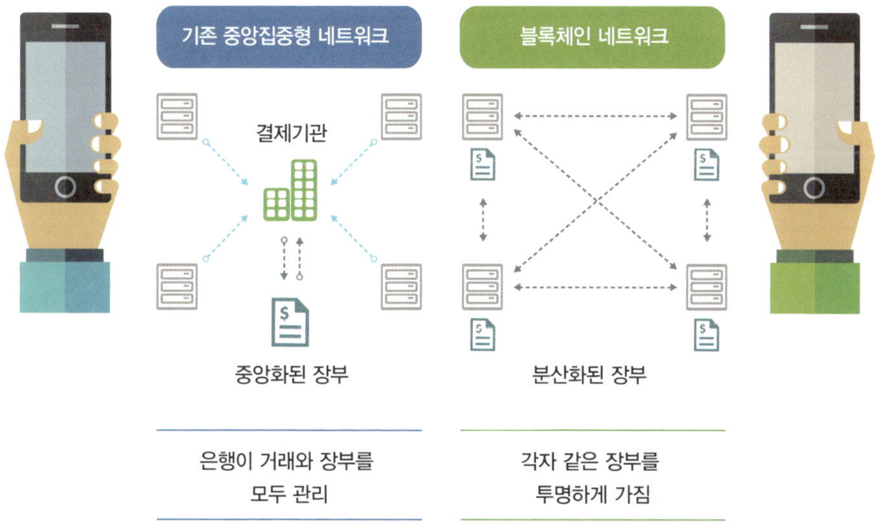

거쳐 신규 송금 내역이 기존 블록체인에 결합되고 나면 송금 과정이 끝나게 된다. 즉 블록체인 시스템을 이용하면 모든 자료를 보관하고 관리하는 중앙 시스템이 없어 보안 유지를 위한 비용 지출을 줄일 수 있다. 또한 블록체인 네트워크 내에 있는 모든 참여자가 네트워크 내 모든 거래 내역이 들어 있는 똑같은 장부를 공유하고 있고 매 10분마다 작업증명(Proof-of-Work) 방식을 통해 보안을 유지하기 때문에 해킹될 위험성이 적다.

블록체인의 획기적이고 효율적인 금융거래 방식 때문에 세계 경제포럼은 2016년 8월에 발표한 '금융의 미래(The Future of Financial Infrastructure)' 보고서를 통해 2017년까지 전 세계 은행의 80%가 블록체인 방식을 도입할 것으로 전망했다. 골드만삭스(Goldman Sachs), 모건스탠리(Morgan Stanley), 씨티그룹(Citigroup), 뱅크오브아메리카(Bank of America Corporation), JP모건체이스(J. P. Morgan Chase & Co.) 등 40여 개의 글로벌 대형 은행은 이미 2015년 9월에 미국 블록체인 선두업체 R3와 제휴해 'R3CEV' 컨소시엄을 구성하고 회원사 간의 블록체인을 이용한 금융 거래를 준비하는 데 착수했다. 우리나라에서는 KEB하나은행과 신한은행이 'R3CEV' 컨소시엄에 참여 중이며, KB국민은행은 국내 블록체인 전문업체인 코인플러그와 제휴해 자체 개발에 진입했다.

우리가 주목할 것은 블록체인 기술이 교육에도 큰 변화를 가져올 것이라는 점이다. 블록체인이 가장 먼저 교육 분야에 도입된 것은 등록금 납부 방식이었다. 블록체인을 이용한 가상 화폐인 비트코인으로 등록금을 납부할 수 있도록 한 것이다. 지중해 동부에 위치한 키프로스공화국의 니코시아대학교(University of Nicosia)에 다니는 학생들은 이미 2013년부터 비트코인을 이용해 등록금을 납부하는 것이 가능했다. 니코시아대학교의 뒤를 이어 영국의 컴브리아대학교(University of Cumbria)와 뉴욕의 킹스칼리지(King's College), 베를린의 명문 비즈니스스쿨인 ESMT(European School of Management and Technology) 등에서도 비트코인을 이용해 등록금을 납부할 수 있도록 하고 있다. 가상 화폐의 사용이 점차 보편화됨에 따라 더 많은 대학에서 가상 화폐 등록금 납부를 허용할 것으로 전망된다.

이 밖에도 블록체인은 제4차 산업혁명 시대의 교육에 지금까지 보지 못했던 전혀 새로운 형태의 변화를 불러올 것으로 예상된다. 바로 학위 인증 블록체인과 에듀블록(EduBlock)이다.

학위 인증 블록체인

학위 인증 블록체인은 블록체인 기술을 이용해 누가 어디서 언제 어떤 수업을 듣고 무슨 학위를 받았느냐에 대한 정보를 블록화해서 학위 위조를 방지하는 방식이다. 미국 매사추세츠공과대학(Massachusetts Institute of Technology : MIT)은 이미 2016년에 러닝머신(Learning machine)이라는 회사와 함께 블록체인을 이용한 학위 과정 수료 확인 및 발급 프로그램을 개발해 시행하고 있다. 샌프란시스코에 위치한 소프트웨어 엔지니어 전문 양성 기관인 홀버튼스

쿨(Holberton School)은 비트프루프(BitProof)라는 블록체인 기반 공증 시스템을 이용해 학생들의 프로그램 개발 프로젝트 참여 기록과 숙련도를 인증하는 방식을 운영 중이다. 한편 소니 그룹 산하의 소니 글로벌 에듀케이션(Sony Global Education)도 블록체인 기술을 이용해 학생들의 수강 정보를 공유하는 인증 시스템을 개발했다.

아직은 학위 인증 블록체인이 초기 단계라 각 대학이나 기관별로 개별 블록체인 시스템을 통해 별도로 인증 절차를 진행하고 있다. 하지만 곧 블록체인 기술이 교육 분야 전반으로 확대 · 실시되면 전 세계 교육 기관이 블록체인 네트워크에 참여해 학위 인증을 실시하게 될 것이다. 블록체인을 이용한 학위 인증 과정을 더 자세히 알아보자.

한국대학교 인문학부를 졸업한 대한이 민국주식회사에 입사지원서를 제출하는 경우를 살펴보자. 민국주식회사의 인사 담당자가 블록체인 네트워크에 들어가 대한의 한국대학 인문학부 졸업 여부를 확인해줄 것을 요청하면 해당 정보가 담긴 하나의 블록이 생성된다. 이렇게 새로 생성된 블록은 네트워크상의 모든 참여 대학과 기관에 전송된다. 그러면 네트워크상의 모든 참여 대학과 기관에서 공통으로 갖고 있는 기록과 비교한 후 인증 여부를 인사 담당자에게 통보한다. 대한은 졸업증명서나 성적증명서를 따로 제출할 필요가 없고, 민국주식회사의 인사 담당자는 입사지원서에 적힌 내용이 허위일지 모른다는 우려를 할 필요가 없다.

에듀블록

에듀블록(EduBlock)은 블록체인이 교육의 영역에 도입되면서 새롭게 등장한 개념이다. 지식의 반감기가 갈수록 짧아지는 제4차 산업혁명 시대에는 한번 배운 내용을 계속 사용하는 것이 아니라 매일 새로운 지식과 정보를 습득해야 한다. 이른바 평생교육 시대가 되면 대학 졸업장이나 자격증과 같이 고정된 과거형 정보가 아니라 전문 분야에 대해 꾸준히 발전하고 변화하는 개인의 능력과 숙련도가 더 중요해진다. 따라서 어디서 배웠느냐보다 무엇을 배웠느냐는 교육 가치가 훨씬 중요시될 것이고, 이와 함께 학습 내용과 숙련도를 증명하는 에듀블록이 널리 사용될 전망이다.

에듀블록은 2016년 3월 텍사스 오스틴에서 개최된 SXSWedu (South by South West Education)* 국제 교육 컨퍼런스에서 작가이자 게임 디자이너인 제인 맥고니걸(Jane McGonigal)이 처음 세상에 소개했다. 교육과 일을 연계해 미국 내 저소득층의 삶의 질을 향상시킨다는 취지로 설립된 ACT재단(ACT Foundation)은 미래연구센터(Institute for the Future)와 연계해 에듀블록 시스템을 개발 중이다.

에듀블록의 핵심 개념은 개인이 언제 어디서든 학습 활동을 할 때마다 학습 내용을 증명하는 에듀블록을 얻게 된다는 것이다. 에듀블록의 단위는 한 시간. 학습 시간이 2시간이었다면 한 번의

* 매년 미국에서 개최되는 미래 교육 전반에 대한 컨퍼런스. 전 세계 교육 커뮤니티를 발견 · 연결하고, 영향력을 강화하여 지역 행사에서 국제 교육 플랫폼으로 발전했다.

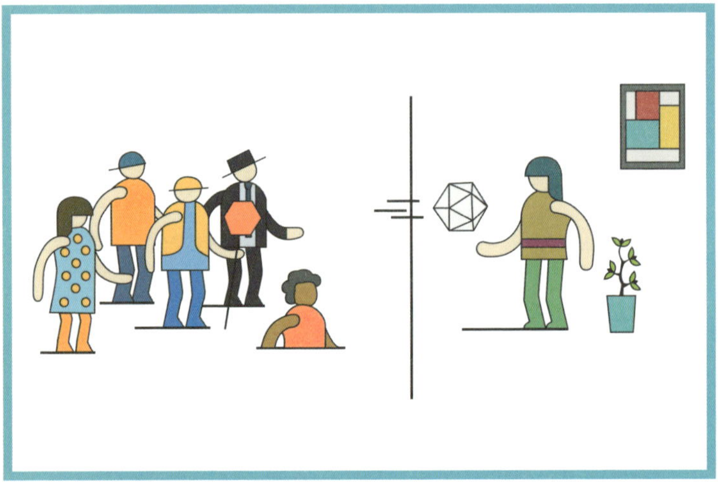

어디서든 누구에게든 에듀블록을 획득할 수 있다.

학습 활동으로 2개의 에듀블록을 얻게 된다. 학습의 주체라면 누구나 에듀블록을 수여할 수 있다. 친구에게 배웠다면 친구가, 문화센터에서 배웠다면 문화센터가, 대학에서 강의를 들었다면 대학이, 학원에서 수업을 들었다면 학원이 개인에게 에듀블록을 수여하게 된다.

에듀블록의 또 하나의 특징은 어디서 배웠느냐가 아니라 어떤 내용을 배우고 얼마나 숙련도가 높으냐에 초점을 맞춘다는 것이다. 즉 어느 대학을 나왔느냐보다 각 분야에 대한 전문성을 얼마나 갖췄느냐를 더 높이 평가한다. 또한 교육 기관에서 강의를 들은 경우뿐 아니라 직장에서 특정 분야에 대한 업무를 진행한 경우도 학습 시간으로 인정돼 에듀블록을 모을 수 있다. 즉 직장에서 일하는 시간도 개인의 역량과 숙련도를 강화하는 학습 시간으로 간주된다는 것이다. 이렇게 획득한 에듀블록은 블록체인의 가상 화폐와 같은 원리로 레저(Ledger)라 불리는 가상 학습 장부에 기록되어 보관된다.

에듀블록을 얻을 수 있는 지식의 종류도 다양하다. 제4차 산업혁명 시대에 인재들이 갖춰야 할 10대 핵심 역량이 될 수도 있고 컴퓨터 프로그래밍 기술이나 측량 및 측지 기술과 같은 전문 기술이 될 수도 있다. 또한 수학 문제 풀이 능력이 될 수도 있고 웹사이트 디자인 능력이 될 수도 있다. 무엇보다 에듀블록 시스템은 에듀블록의 종류별로 각 개인이 벌어들인 소득을 수집하여 분석 결과를 제공함으로써 개인이 추후에 더 많은 소득을 얻을 수 있는 주제를 정하여 공부할 수 있도록 지원해준다. 더욱이 에듀블록은 특정 분야에서 개인의 숙련도를 증명해주기 때문에 각 개인이 이 정보를 이용해 직장에서 승진할 수도 있고 자신의 숙련도가 높은 분야에서 강사로 활동할 수도 있게 된다.

한편 에듀블록은 무크(Massive Open Online Courses : MOOC)*와 같은 무료 온라인 수업의 활성화에도 큰 영향을 끼칠 전망이다. 즉 자신

* 일반적으로 대학 수업을 온라인으로 접속해 들으면서 동시에 무료로 들을 수 있는 강의를 말한다. 광범위하게는 테드(TED) 같은 1회성 강의도 포함되는데, 최근 플랫폼 수가 점점 늘어나면서 영향력이 확장되고 있다. 유다시티, 코세라, 에덱스가 대표적 사례로 하버드, MIT, 스탠퍼드대학교 등 미국의 내로라하는 대학에서 진행된 강의를 녹화해 온라인으로 제공했다. 최근에는 전 세계 대학과 제휴를 맺고 있으며, 우리나라 대학도 일부 여기에 동참하고 있다.

이 좋아하는 일을 잘하기 위해 대학이든 무크(MOOC)든 학원이든 친구든 상관없이 자신이 원하는 공부를 할 수 있는 수단을 찾아 배우고, 거기서 에듀블록을 받는 만큼 자신의 역량이나 숙련도도 그만큼 향상되는 것이다. 따라서 에듀블록은 제4차 산업혁명 시대에 교육 분야의 판도를 바꾸는 핵심 요소가 될 것이다.

21세기 핵심 역량을 어떻게 기를 것인가

제4차 산업혁명 시대의 기술 혁신이 우리 삶에 미칠 심대한 영향은 교육 가치와 교육 환경의 변화, 그리고 그에 따른 교육 방식에도 많은 변화를 가져올 것이다. 앞 장에서 제4차 산업혁명 시대에는 어떤 인재가 필요한지 알아보았다. 또 제4차 산업혁명이 교육 환경에 가져올 변화와 디지털 원주민들만이 가지고 있는 학습 특성에 대해서도 살펴보았다. 이제 우리가 던질 질문은 바로 이것이다. '제4차 산업혁명 시대를 주도할 인재를 어떻게 양성할 것인가?' 지금까지 살펴본 제4차 산업혁명 시대의 10대 핵심 역량과 21세기 핵심 역량 그리고 제4차 산업혁명이 교육에 가져올 변화와 21세기 학습자의 특성을 토대로 21세기 핵심 역량을 기르기 위해서는 어떻게 교육이 이뤄져야 하는지 구체적으로 알아보자.

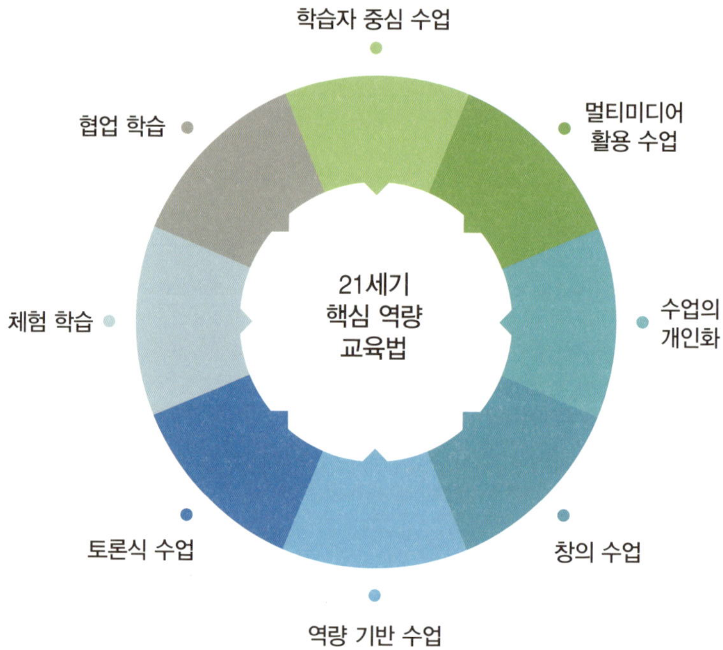
학습자 중심 수업
멀티미디어 활용 수업
수업의 개인화
창의 수업
역량 기반 수업
토론식 수업
체험 학습
협업 학습
21세기 핵심 역량 교육법

학습자 중심 수업

21세기 핵심 역량을 기르기 위해 교육에서 가장 먼저 고려할 점은 바로 학습자 중심의 수업이다. 20세기 교육의 목적이 지식 전달이었다면 21세기 교육의 목적은 지식의 공유이기 때문이다. 즉 제4차 산업혁명 시대에는 정해진 커리큘럼의 내용을 교사가 일방적으로 전달하는 것이 아니라 교사가 학생들과 공유한 기존 지식을 출발점으로 학생들이 수업의 중심이 되어 새로운 지식을 창출해 나가는 방식으로 수업이 이루어진다.

2020년 초등학교 6학년인 민형이 받을 지구 온난화에 대한 수업을 예로 들어보자. 선생님은 지구 온난화에 대해 전반적인 내용을 설명해주고 학생들에게 각자 자신이 밝히고자 하는 주제를 정해 구체적인 학습 계획을 정하도록 한다.

민형이 정한 주제는 지구 온난화의 원인 중 하나인 자동차 배기가스의 배출을 줄이기 위한 방안을 마련하는 것이다. 구체적으로 학습 프로젝트를 진행하기 위해 민형은 첫 주에는 자동차 배기가스의 배출 현황을 각 나라별로 찾아보고 둘째 주에는 자동차 배기가스의 배출을 줄이기 위해 현재까지 개발된 방법들에 대한 다양한 자료를 수집하기로 한다. 그리고 셋째 주에는 민형이 스스로 자동차 배기가스 배출을 감소시킬 방안을 생각해보고 관련 분야 전문가에게 이메일을 보내 의견을 듣기로 한다.

마지막으로 민형은 일주일 동안 자신이 준비한 내용을 동영상으로 만들어 동영상 공유 사이트인 유튜브(YouTube)에 올려 선생님과 다른 학생들에게 피드백을 받기로 계획한다. 선생님은 민형의 프로젝트가 진행되는 한 달 동안 진행 상황을 점검하고 진행 중에 생기는 궁금증에 답변을 해주면서 학습 과정을 촉진하는 역할을 수행한다. 민형의 예에서 볼 수 있듯이, 학습자 중심 수업에서는 개별 학생이 스스로 학습 목표를 정하고 학습 과정을 설계한다. 다만 선생님은 학습 과정이 잘 진행되도록 촉진제의 역할을 하게 된다.

멀티미디어 활용 수업

21세기 학습자들은 시청각적 학습자이다. 다시 말해, 책으로 글을 읽으면서 지식을 습득하는 아날로그 방식이 아니라 관련 동영상을 시청하고 다양한 이미지를 찾아보면서 학습 효과를 강화해가는 디지털 학습자이다. 물론 멀티미디어를 활용한 수업은 이미 오래된 개념이다. 하지만 제4차 산업혁명이 교육에 가져올 변화를 염두에 둔다면 좀 더 확장된 의미에서 멀티미디어를 활용한 수업이 필요하다. 단순히 동영상 자료를 텔레비전 모니터나 빔 프로젝터 스크린을 통해 다 같이 시청하는 것이 아니라 동영상 자료를 내용별로 짧게 잘라 각 내용을 잇는 스토리텔링 작업을 하는 등 다양한 방법으로 멀티미디어 수업을 진행할 수 있을 것이다.

예를 들어 세종대왕의 한글 창제 과정에 대한 30분짜리 동영상을 쭉 시청하는 것이 아니라 당시 한자를 모르던 일반 백성들의 상황, 세종대왕의 다른 업적과 성품, 한글 창제를 도운 학자들, 한글 창제 과정, 한글의 위대성, 한글이 오늘날 우리 생활에 미치는 영향으로 세부 내용을 나눠 각 학습 내용에 맞는 멀티미디어 자료를 시청할 수 있다. 그런 다음 해당 주제에 대해 토론하거나 그때로 돌아가 당시 상황을 상상해보고 그림을 그려보거나 개별 발표를 하는 등 다양한 방법으로 자신의 생각을 표현할 수 있다. 학습 활동을 단계별로 진행하는 것은 학업 성취도를 올리는 효과적이고 효율적인 방법이다. 또한 이 과정에서 교사는 좋은 스토리텔러로서 학생들의 관심과 흥미를 고취하고 영감을 줌으로써 학습 내용 자체에서의 성장뿐 아니라 학생들이 다양한 역량을 기르는 데에도 도움을 줄 수 있다.

수업의 개인화

21세기 핵심 역량을 기르는 교육에서는 수업의 개인화가 선행되어야 한다. 서로 다른 개성과 장점을 지닌 다양한 학생들을 한 교실에 모아놓고 똑같은 내용을 가르친 다음에 똑같은 시험으로 평가하는 방식으로는 세계경제포럼이 제시한 10대 핵심 역량 중 어느 것도 기르기 어렵기 때문이다. 기본적으로 배워야 하는 내용만 모든 학생에게 가르치고 그 외 시간에는 개인의 관심과 흥미에 따라 다양한 내용을 공부할 수 있는 기회가 주어져야 한다.

앞에서 예를 든 민형의 경우 지구 온난화라는 주제와 관련하여 자동차 배기가스 배출을 감소시키는 방안을 마련하는 것으로 자신의 개별 학습 프로젝트를 정했지만, 다른 학생들은 지구 온난화의 10년 뒤 전망이나 지구 온난화의 주요 원인 등 다른 주제로 개별 프로젝트를 진행할 수도 있다. 따라서 평가에서도 개인이 각각의 학습 목표를 얼마나 달성했는지 개별적으로 평가하게 된다. 다시 말해, 모든 학생이 지구 온난화에 대해 같은 내용을 배우고 같은 시험을 동시에 본 뒤에 100점부터 0점까지 성적을 받는 평가 방식이 아니라 각자가 학습 목표를 달성한 정도에 대하여 개인화된 평가를 받게 된다. 다른 학생의 답을 베끼는 부정행위 자체가 필요 없어지는 것이다.

창의 수업

21세기 핵심 역량을 기르는 교육에서 또 한 가지 중요한 점은 학생들이 창의력을 최대한 발휘할 수 있는 교육 환경을 만들어 주어야 한다는 것이다. 주어진 문제와 정답을 암기하는 것이 아니라 다양한 관점에서 문제를 바라보고 다채롭게 답을 제시할 수 있는 수업을 설계해야 학생들에게 창의적인 생각을 표현할 기회가 생긴다.

창의 수업의 간단한 예를 들어보자. "1 더하기 1은?"이라고 물었을 때 한 학생이 "1"이라고 답을 했다고 치자. 이 경우에도 틀렸다고 하기보다는 왜 1이라고 생각하는지 이유를 묻고 답하는 과정을 반복하며 기존의 틀에서 벗어나 창의적인 생각을 계속 펼쳐 나갈 수 있도록 이끄는 것이 좋다. 또 새롭고 불분명한 문제를 중심으로 과제를 구성하여 학생들이 그러한 문제를 해결하는 과정 속에서 창의력과 상상력을 기를 수 있도록 지원해야 한다. 예를 들어, 현실에 존재하지 않는 상상 속의 동물을 3D 프로그램을 이용해 설계해보고 3D 프린터로 인쇄하여 발표하는 과제가 있다고 치자. 학생들은 현실 속에 존재하지 않는 자신만의 상상 속 동물을 만들어내기 위해 상상력과 창의력을 총동원해야 하고, 그런 과정을 여러 번 거치면서 그만큼 그들의 상상력과 창의력이 증대될 것이다. 또한 머릿속에 그린 상상 속 동물을 3D 설계와 3D 프린팅을 통해 현실에 재현하는 과정도 상상력과 창의력을 기르는 데 도움이 될 것이다.

역량 기반 수업

21세기 핵심 역량을 키우기 위해서는 역량 기반 수업이 진행되어야 한다. 역량 기반 수업이란 각 수업이나 학습 활동에서 얻을 수 있는 역량을 책정하고 이를 통해 얻은 역량의 숙련도를 측정하여 평가하는 방식으로 수업을 설계하는 것을 말한다. 예를 들어, 한 고등학교에서 복합 문제 해결 능력, 비판적 사고 능력, 창의력, 인적 자원 관리 능력, 협업 능력, 감성 능력, 판단 및 의사결정 능력, 서비스 지향성, 협상 능력, 인지적 유연력 등 제4차 산업혁명 시대의 10대 핵심 역량을 고루 갖춘 인재를 배출하도록 목표를 설정한다고 가정하자.

학생들은 과학이나 수학 수업을 들으면서 복합 문제 해결 능력

복합 문제 해결 능력

이나 비판적 사고 등의 역량을 얻고 미술 수업을 통해 창의력과 감성 능력 등의 역량을 얻게 된다. 또한 코딩 수업을 들으며 복합 문제 해결 능력과 비판적 사고 능력, 창의력과 판단 및 의사결정 능력, 인지적 유연력 등의 역량을 강화하고 봉사 활동을 하면서 서비스 지향성과 협업 능력 등의 역량을 키울 수 있다. 이렇게 각 수업과 학습 활동을 통해 역량을 하나하나 모아 졸업할 때까지 각각의 역량별 목표치에 도달해야 한다. 각각의 역량을 키우는 데 디지털 배지를 사용하기도 한다. 이 디지털 배지를 e-포트폴리오에 보관해두면 자신의 역량이 얼마나 되는지 언제든 현황을 확인할 수 있는 장점이 있다.

토론식 수업

토론식 수업은 21세기 핵심 역량을 키워주는 꼭 필요한 수업 방식 중 하나이다. 자신의 생각을 논리적으로 표현하는 것이 21세기 핵심 역량을 기르는 첫걸음이기 때문이다. 물론 토론식 수업이라고 해서 꼭 찬성과 반대로 나누어 토론을 진행해야만 하는 것은 아니다. 여기서는 토의식 수업을 포함하는 광의의 개념으로 생각할 필요가 있다.

토론식 수업의 효과를 극대화하기 위해서는 토론 진행자로서 교사의 역할이 무엇보다도 중요하다. 무작위로 한 명씩 불러서 발표를 시키는 것보다는 토론 진행을 어떻게 할 것인지 먼저 계획을 세우고 진행하는 것이 좋다. 이를테면 토론 주제에 대한 개별 학생들의 생각을 미리 들어보고 비슷한 생각을 가진 학생들끼리 그룹을 묶어 수업을 진행할 수도 있다. 또 개별 학생들의 생각을 하나의 이야기 축으로 이어 나갈 수 있도록 발표 순서를 세우는 스토리텔링형 진행 방법도 가능하다. 토론식 수업은 늘 미리 설계한 대로 진행되는 것은 아니다. 따라서 이런 경우에는 새로운 방향으로 수업을 진행함으로써 유연하게 대처할 필요가 있다.

체험 학습

체험 학습이란 학생 자신이 직접 뭔가를 하면서 학습하는 것을 말한다. 선생님이 알려주는 내용을 귀로 듣고 아는 것으로 끝나는 것이 아니라 배운 내용을 여러 사례에 직접 적용해보거나 친구에게 설명해주면서 학습 효과를 강화할 수 있다. 이를테면 시청각 자료를 보면서 뉴턴의 만유인력 법칙의 개념을 익힌 다음 밖에 나가서 직접 다양한 무게와 부피의 물건을 높이별로 떨어뜨리면서 체험 학습을 진행하는 수업 방식이 학습에 더 도움이 된다.

러닝 피라미드(Learning Pyramid)와 연관 지어보면 체험 학습이 주는 효과를 훨씬 쉽게 이해할 수 있다. 러닝 피라미드는 미국 메인 주에 위치한 행동과학연구소 NTL(National Training Laboratories)에서 널리 퍼져 나간 개념이다. 이 연구소에서 연구한 결과에 따르면, 공부를 한 뒤 24시간이 지나면 일반 강의는 단 5%만 기억나

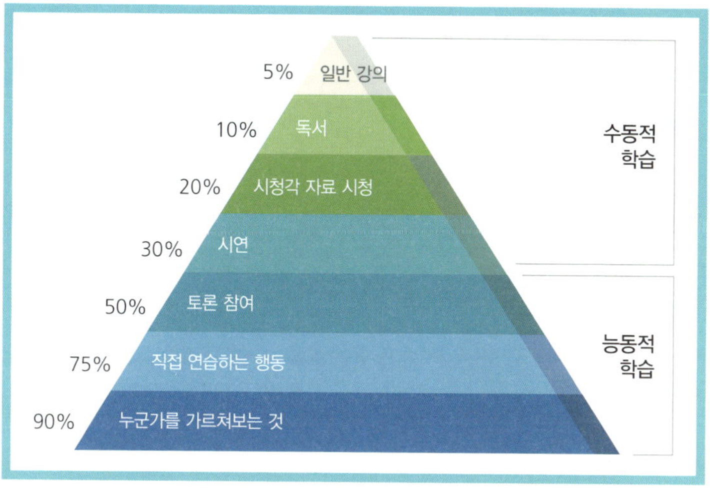

미국 행동과학연구소(NTL)에서 연구 발표한 러닝 피라미드

고, 독서는 10%, 시청각 자료는 20%, 시연은 30%, 토론 참여는 50%, 직접 행동으로 연습해본 경우는 75%, 그리고 누군가를 직접 가르쳐보면 90%의 내용이 기억난다는 것이다. 러닝 피라미드의 개념은 1946년 에드거 데일(Edgar Dale) 교수가 《경험의 원추(Cone of Experience)》에서 처음 소개했는데, 단지 읽기만 하는 것보다 듣거나 보는 게 더 기억에 도움이 되고 직접 해보거나 다른 사람을 가르치면 더 많은 내용이 기억나게 된다는 이론에 배경을 두고 있다. 즉 체험 학습은 토론 참여나 직접 연습하는 행동, 누군가를 가르쳐보는 것 등 러닝 피라미드에서 능동적 학습으로 분류되는 활동을 중심으로 진행되는 수업이라고 볼 수 있다.

협업 학습

디지털 원주민들의 특성 중 하나는 협업 학습자라는 것이다. 혼자 공부할 때보다 여럿이서 머리를 맞대고 함께 답을 찾아가는 과정에서 더 나은 학습 결과를 얻는 경향이 있다. 따라서 21세기 핵심 역량을 기르기 위해서는 학생들이 협업하여 공부해 나갈 수 있는 수업을 설계해야 한다. 또한 21세기 산업혁명 시대에 우리가 해결할 문제는 대부분 새롭고 불분명한 문제이고, 또 같은 문제라도 다양한 분야 전문가들마다 바라보는 시각에 차이가 있게 마련이다. 이러한 관점의 차이를 서로 존중하며 공동의 답을 모색해가는 인재를 양성하기 위해서는 협업 학습의 경험이 중요한 요소가 된다.

협업 학습을 더욱 효과적으로 하기 위해서는 먼저 협업이 활발히 이뤄질 수 있는 학습 주제가 선정되어야 한다. 정해진 답이 있는 문제가 아니라 아예 처음부터 답 자체가 없는 문제를 제시해 학생들이 문제를 해결하기 위해 모든 경우의 수에 열린 자세로 임하며 적극적으로 참여할 수 있도록 해야 한다. 또한 명확한 협업 기준을 미리 제시해 한 학생이 주도하는 것이 아니라 모든 학생이 골고루 자신의 역량을 발휘하고 다양한 관점의 해답을 제시할 수 있는 환경을 만들어주어야 한다. 협업 과정에서 학생들이 교사에 의존하지 않도록 적당한 거리를 두고 지켜보는 것도 필요하다. 또 한편으로 협업이 원활히 진행될 수 있도록 학습 촉진제의 역할도 동시에 수행해야 하기 때문에 협업 학습에서 교사의 역할은 매우 중요하다.

지금까지 알아보았듯이, 21세기 핵심 역량을 키우는 교육은 제4차 산업혁명이 교육에 가져올 변화와 '디지털 원주민'들의 특성을 고려하는 데에서부터 시작해야 한다. 멀티미디어를 활용한 학습자 중심의 수업과 역량 기반 수업을 설계함으로써 개인적 학습을 지원할 필요가 있다. 또한 창의적으로 사고하고 자유롭게 토론할 수 있는 교육 환경이 제공되어야 한다. 직접 행동하면서 배우고 다른 학생들과 함께 협업하면서 공부하는 수업을 만들어 나가기 위한 교육을 설계하는 것이 무엇보다 중요하다.

삶의 질을 높이는 역량 중심 교육

일반적으로 학생들은 학교에 가면 수학이나 과학, 윤리, 국어, 영어 등 여러 과목의 수업을 듣는다. 그리고 수업 과정에서 출석, 과제, 그룹 프로젝트, 중간고사, 기말고사 등 학습 활동을 통해 받은 성적을 기반으로 평가를 받게 된다. 이것을 수행 중심 학습(Performance based learning)이라고 한다. 제4차 산업혁명 시대에는 이러한 수행 중심 학습과 함께 역량 중심 학습(Competency based learning)이 보편화될 전망이다. 역량 중심 학습이란 학교 수업뿐 아니라 과외 활동 등 다양한 활동을 통해 얻을 수 있는 역량의 종류와 수준을 미리 책정하고 활동을 마친 후 각 역량별로 숙련도를 측정하여 평가하는 방식으로 수업을 설계하고 학습을 진행하는 것을 말한다.

예를 들어 3D 프린팅 수업을 통해 얻을 수 있는 역량의 종류와 수준이 복합 문제 해결 능력은 레벨 3, 비판적 사고 능력은 레벨 2, 창의력은 레벨 5, 협업 능력은 레벨 2, 감성 능력은 레벨 4, 판

역량	획득 가능 레벨	학생1	학생2	학생3	학생4	학생5	학생6
복합 문제 해결 능력	3	2	3	1	3	3	2
비판적 사고 능력	2	1	2	1	2	2	1
창의력	5	4	5	3	3	5	4
협업 능력	2	1	2	2	2	1	2
감성 능력	4	3	4	3	4	3	4
판단 및 의사 결정 능력	3	2	3	1	3	3	2
서비스 지향성	2	1	2	2	2	1	1
인지적 유연력	3	3	3	3	2	2	3

3D 프린팅 수업의 역량 중심 성적표의 예

단 및 의사 결정 능력은 레벨 3, 서비스 지향성은 레벨 2, 인지적 유연력은 레벨 3이라고 치자.

학생들은 우선 자신이 3D로 설계한 도면 시안과 최종 3D 프린팅 결과물을 바탕으로 수행 중심 평가를 받게 된다. 다음으로 학생들은 3D 프린팅 수업을 듣는 과정에서 선생님이 개별 학생별로 평가한 각 역량별 획득 수준을 결과로 받게 된다. 예를 들어 디자인 시안은 A, 3D 프린팅 결과물은 B+를 받고 복합 문제 해결 능력은 총 3레벨 중 2레벨을 받은 학생이 있을 수 있다.

만약 해당 교사가 역량 중심 평가에 익숙하지 않다면 각 역량별 레벨을 따로 부여하지 않고 수업을 성공적으로 이수할 경우 획득 가능한 역량의 목록만 제공할 수도 있다. 즉 3D 프린팅 수업을 성공적으로 마친 학생은 모두 복합 문제 해결 능력, 비판적 사고 능력, 창의력, 협업 능력, 감성 능력, 판단 및 의사 결정 능력, 서비스 지향성, 인지적 유연력 등 8개의 역량을 획득하게 되는 것이다.

역량 중심 학습과 디지털 배지

미국 고등학교에서는 이미 역량 중심 학습과 평가 방식으로 발 빠르게 이동하는 움직임이 있다. 미국의 100대 명문 사립 고등학교가 성적증명서에서 기존의 과목명과 성적을 빼고 핵심 역량 성취도를 중심으로 표기하기 위한 준비를 시작했다. 2017년 5월 미국 교육 전문지 《인사이드 하이어 에드(Inside Higher Ed)》에 따르면, 새로운 역량 중심 성적증명서에는 분석적/비판적 사고 능력(Analytical and Creative Thinking), 복합적 의사소통(Complex Communication), 리더십과 팀워크(Leadership and Teamwork), 디지털/양적 리터러시(Digital and Quantitative Literacy), 세계적 시각(Global Perpective), 적응력/진취성/모험 정신(Adaptability, Initiative, and Risk-Taking), 진실성과 윤리적 의사 결정(Integrity and Ethical Decision-Making), 마음의 습관(Habits of Mind) 등의 역량을 바탕으로 학생들을 평가한 내용이 기록된다.

미국 내 아이비리그를 포함한 명문 대학 신입생의 대부분이 이들 100대 명문 사립 고등학교 출신이기 때문에 미국 고등학교에서 새로운 역량 중심 성적증명서가 도입되는 것은 곧 대학의 입학 사정 방식에도 변화를 미칠 전망이다. 또한 새로운 역량 중심 성적증명서의 8대 핵심 역량은 제4차 산업혁명 시대의 10대 핵

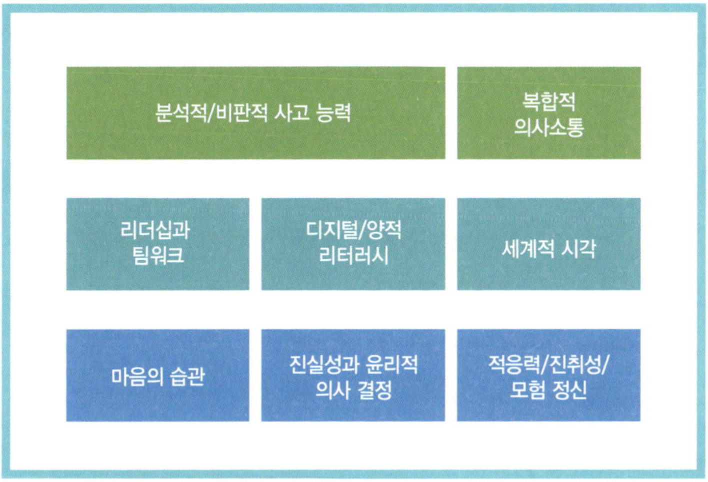

미국 고등학교 성적표에 표기된 역량 목록

심 역량과도 부합하기 때문에 초등 · 중등 · 고등학교에서 대학, 그리고 평생교육으로 연결되는 역량 중심 학습의 좋은 모델이 될 것이다.

제4차 산업혁명 시대에는 우리가 하는 대부분의 학습과 업무 활동, 심지어 게임을 하면서도 관련된 역량을 키울 수 있다. 그 결과로 얻은 디지털 배지를 모아 더 큰 역량 배지로 단계를 올리며 자신의 역량을 관리할 수도 있다. 제4차 산업혁명 시대의 인재에게 필요한 10대 핵심 역량을 고루 갖추기 위해 개인의 역량 성취 목표를 설정하거나 특정 분야의 전문가가 되기 위한 직무 역량과 핵심 역량을 설정하고 목표를 이루기 위해 노력해 나갈 수 있다.

이렇게 성취한 역량은 일회성으로 그쳐 매번 다시 성취해야 하는 것이 아니라 초등학교 수학 수업, 중학교 과학 수업, 고등학교 사회 수업, 대학교 교양 수업, 문화센터 세계 시민 강좌 등에서 성취한 복합 문제 해결 능력과 비판적 사고 능력, 인지적 유연력과 같은 역량을 토대로 각 개인별 역량 달성 현황을 지속적으로 확인할 수 있다. 또한 각 학습과 업무 활동, 게임이나 기타 과외 활동 등을 통해 획득 가능한 역량 목록을 미리 확인할 수 있어 자신에게 필요하거나 부족한 역량을 키우기 위해 어떤 방법으로 공부해야 하는지 결정할 수 있게 된다.

학습이나 업무, 과외 활동 등으로 획득할 수 있는 역량과 디지털 배지의 종류는 다양하다. 제4차 산업혁명 시대의 10대 핵심 역량과 관련된 배지도 있고 웹디자인, 파워포인트 작성, 코딩 작업 등 직무 능력과 관련한 배지도 있다. 각 대학이나 기업의 인재상에 적합한 역량을 목표로 정하면 그와 관련된 디지털 배지를 모아 나갈 수 있다. 특히 각 역량별로 하위 속성이 있기 때문에 하위 속성과 관련된 배지들을 모아 해당 역량에 포함시킬 수도 있다. 예를 들어, 미국 고등학교에서 발급하는 역량 중심 성적증명서 안에 포함된 8대 역량 가운데 마음의 습관(Habits of Mind)이 있다. '마음의 습관'이란 답을 모르는 문제가 주어졌을 때 지적인 사고 과정을 통해 해결하는 포괄적 능력을 말한다. 여기에는 인내심, 책임감, 사고의 개방성과 유연성, 초인지(Metacognition), 호기심, 창의성 등이 포함된다. 창의력은 '마음의 습관'의 하위 속성에 해당하므로, 마음의 습관과 관련하여 모은 창의력 역량 배지는 제4차 산업혁명 시대의 10대 핵심 역량에 속하는 창의력에도 포함되게 된다.

직무 역량 중심 학습

역량 중심 학습은 직무 역량을 기르는 데에도 적용하여 사용할 수 있다. 특히 거꾸로 학습(Flipped learning)* 방식으로 수업을 설계하면 더욱 효과적이다. 3D 프린팅 수업을 다시 예로 들어보자. 직무 역량 중심 학습을 시행하기 위해서는 먼저 3D 프린팅 수업에 직무 역량과 관련해 어떤 항목이 있는지 뽑아야 한다. 이를테면 이런 식이다. ① 3D 프린팅의 원리를 이해한다. ② 3D 디자인 프로그램을 사용하여 삼각형, 사각형, 원형 도형을 디자인할 수 있다. ③ 3D 디자인 프로그램을 사용하여 따로 떨어져 있는 개별 도형들을 하나로 합칠 수 있다. ④ 3D 디자인 프로그램을 사용하여 3D 프린팅할 도면의 크기를 변경할 수 있다. ⑤ 3D 디자인 프로그램과 3D 프린터를 연결하여 3D 프린팅을 수행할 수 있다. 이렇게 3D 프린팅과 관련한 세부 직무 역량을 정하고 각 직무 역량별 강의 동영상을 제작하는 경우를 보자.

---

* 혼합형 학습(blended learning)의 한 형태로 학생이 수업 전에 온라인 영상을 보며 먼저 학습하고, 수업 시간에는 학습한 내용을 논의와 평가 등을 통해 확인·보완하는 학습 방식으로 역순 학습이라고도 한다. 학생이 교실 수업에서 배우고 수업 후에 복습하는 기존의 방식과 반대되는 방식이다.

학생들은 수업에 오기 전에 각 직무 역량별 강의 동영상을 반복해 보면서 해당 직무 역량을 숙지하고 수업에서는 선생님과 다른 친구들과 함께 보다 효율적이고 효과적인 3D 디자인 프로그램 개발과 관련된 토론을 진행하거나 실제 3D 디자인 프로그램을 이용해 3D 디자인을 실습하면서 직무 역량을 한 번 더 키운다. 이런 과정을 통해 직무 역량을 달성한 학생은 다음 단계로 넘어가 심화 학습을 진행하고 아직 끝내지 못한 학생은 선생님이나 다른 친구의 도움을 받아 달성할 때까지 공부를 계속해 나간다. 이미 직무 역량을 달성한 학생도 도움이 필요한 친구에게 자신이 배운 내용을 설명하면서 자신의 학습을 더욱 강화하는 '가르치면서 배우기(Learning by Teaching)' 학습법을 적용하는 것이다.

즉 직무 역량 중심 학습에서는 개별 학생이 직무 역량을 달성하는 것이 학습 목표이기 때문에 학생들이 부정행위를 시도할 필요가 없다. 오로지 자신의 직무 역량을 달성하는 데에만 전념하면 된다. 또한 직무 역량 중심 학습의 장점은 학생들이 학습 목표를 달성하지 못했을 경우 A나 B학점이 아니라 C, D, F 등 낮은 성적만 주고 수업을 끝내지 않는다는 것이다. 개별 학생이 직무 역량을 달성할 때까지 다양한 방법을 통해 지원해준다는 데 직무 역량 중심 학습의 장점이 있다.

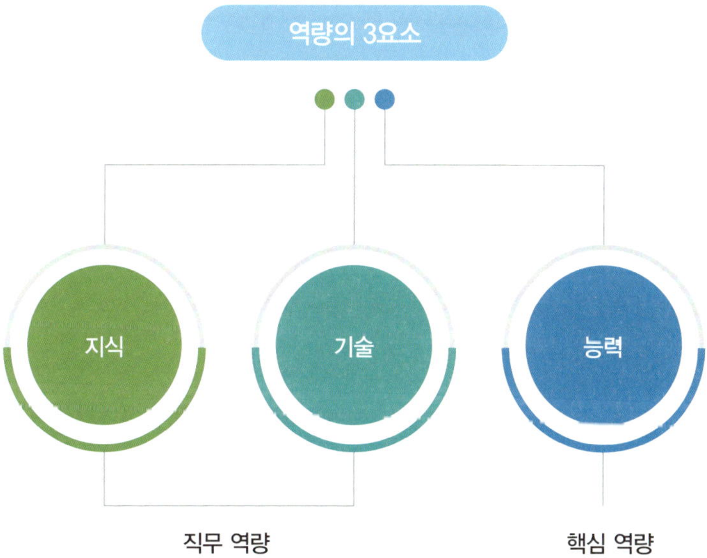
역량의 3요소
지식
기술
능력
직무 역량
핵심 역량

역량의 3요소

역량은 지식, 기술, 능력 세 가지 요소로 구성된다. 이중에서 지식과 기술이 직무 역량을 뜻하고 능력이 핵심 역량을 뜻한다. 다시 말하면, 핵심 역량을 음식을 담는 그릇에 비교한다면 직무 역량은 음식에 비교할 수 있다. 그릇이 작으면 많은 음식을 담을 수 없는 이치와 같이 어떤 핵심 역량을 어떤 수준으로 갖추느냐도 중요하지만 그릇의 크기만큼이나 질도 중요하다. 마찬가지로 음식의 양도 중요하지만 맛도 중요하므로 직무 역량의 양적 수준과 질적 수준을 모두 향상시키는 것이 필요하다.

핵심 역량의 예로는 능력을 기반으로 한 제4차 산업혁명 시대의 10대 핵심 역량을 들 수 있다. 복합 문제 해결 능력, 비판적 사고 능력, 창의력, 인적 자원 관리 능력, 협업 능력, 감성 능력, 판단 및 의사 결정 능력, 서비스 지향성, 협상 능력, 인지적 유연력이 모두 개인의 능력이나 역량에 해당한다. 반면에 직무 역량의 예로는 지식과 기술을 바탕으로 하는 웹디자인, 파워포인트 작성, 코딩 작업 등 직무 관련 능력이나 역량을 들 수 있다.

핵심 역량과 직무 역량을 섞어서 사용하는 경우도 많다. 역량 3요소에 지식, 기술, 능력이 모두 포함되다 보니 생기는 일이다. 때로는 지식과 능력을 역량으로 규정하기도 하고, 때로는 기술과 능력을 역량으로 정의하기도 한다. 물론 이들 중 어떤 것도 틀렸다고 단정할 수는 없다. 하지만 역량 중심 수업을 설계할 때는 핵심 역량과 직무 역량을 구분하는 것이 더 효과적이다. 핵심 역량은 능력을 기준으로, 직무 역량은 지식과 기술을 기준으로 평가 방식을 명확히 규정할 수 있기 때문이다. 그렇다고 어느 수업이나 학습 활동에서 핵심 역량과 직무 역량 중 하나만을 키우도록 계획할 필요는 없다. 두 가지 역량의 성격을 제대로 이해하고 둘을 적절히 활용하는 것이 더 효과적이기 때문이다.

때로는 놀이처럼, 때로는 게임처럼 — 감성 디자인

자기 주도하에 자신이 원하는 분야에서 지식을 습득하고자 하는 '디지털 원주민'들은 특성상 동기가 부여되지 않으면 공부를 시작조차 하지 않는 경향이 있다. 또 학점을 받거나 졸업하기 위해 수업을 듣기보다는 자신에게 필요한 부분을 채우기 위해 스스로 적극적이고 능동적으로 지식을 습득하는 편이다. 이들은 정보와 미디어를 활용하는 데 능숙하기 때문에 책을 읽기보다는 멀티미디어를 통해 시청각적 정보를 얻는 것을 더 선호한다. 이러한 특성을 가진 21세기 학습자들이 흥미를 갖고 재미를 느끼며 즐기면서 지식을 습득할 수 있도록 감성을 자극하는 방식으로 교육을 설계하는 것을 감성 디자인(Emotional Design)이라고 한다. 제4차 산업혁명 시대에는 이러한 감성 디자인을 활용한 교육이 더욱 확산될 전망이다.

멀티미디어 활용 교육 전문가인 뉴욕대학교의 얀 플레스(Jan L. Plass) 교수는 1950년대 이후 교육계는 인지 혁명(Cognitive revolution)

과 구성주의 혁명(Constructivist revolution)을 경험했으며 곧 감성 혁명(Emotional revolution)의 시기가 도래할 것이라고 예측했다. 인지 혁명이란 내적 의식이 아닌 주어진 자극에 대한 사람이나 동물의 외적 행동과 반응을 중시하던 행동주의(Behaviorism)에 대한 반발로 1950년대에 인지의 중요성을 강조한 말이다. 언어학자 조지 밀러(George A. Miller)와 놈 촘스키(Noam Chomsky), 심리학자 벌허스 프레더릭 스키너(Burrhus Frederic Skinner) 등이 인지 혁명을 주도했으며, 학습이란 시각이나 청각을 통해 인지된 정보가 단기 기억이나 장기 기억에 저장되는 과정이라고 정의했다.

1980년대에 들어서면서 심리학자 장 피아제(Jean Piaget)와 교육심리학자 레프 비고츠키(Lev Vygotsky), 교육학자 존 듀이(John Dewey)의 사상을 토대로 구성주의가 교육계에 확대되었다. 인지주의가 외부로부터 인지된 정보를 기억하는 과정을 학습으로 보는 것과 달리 구성주의는 학습자가 환경이나 상황, 다른 사람과의 관계 속에서 지식을 능동적으로 재해석하고 재구성하는 과정을 학습으로 정의한다. 즉 모든 학습자가 지식을 같은 내용으로 받아들이는 것이 아니라 개인의 경험이나 배경 지식에 따라 주관적으로 인식하고 이해하게 된다는 것이다. 이와 달리 감성 혁명은 학습자가 흥미를 갖고 재미를 느낄 수 있을 때 가장 큰 교육 효과를 얻을 수 있다는 점에서 출발한다. 다시 말해, 인지주의를 기반으로 한 방법이든 구성주의를 기반으로 한 방법이든 학습자의 동기가 낮거나 학습에 재미를 느끼지 못하면 학습 효율이 낮아

감성 디자인의 3단계

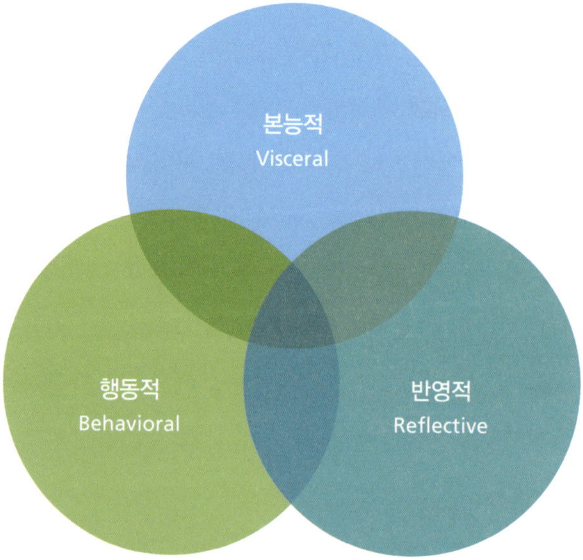

진다는 것이다.

감성 디자인의 3단계

감성 디자인(Emotional Design)이란 용어는 캘리포니아주립대학교 샌디에이고 캠퍼스(University of California, San Diego : UCSD) 디자인랩의 수장으로 있는 돈 노먼(Don Norman) 교수가 2005년에 처음 소개하였다. 돈 노먼 교수에 따르면, 감성 디자인에는 본능적(visceral) 디자인, 행동적(behavioral) 디자인, 반영적(reflective) 디자인의 3단계가 있다. 본능적 디자인은 상품의 기능에 상관없이 외형만 보고 디자인이 깔끔하고 좋으면 본능적으로 끌리게 되는 것을 말한다. 행동적 디자인은 상품을 사용해보고 손에 잘 맞거나 기능이 좋으면 끌리게 되는 것을 의미한다. 반영적 디자인은 상품의 가치를 재해석하고 상품이 자신에게 어떤 의미를 갖는지 규정 짓는 단계를 말한다.

예를 들어, 재생지로 만든 다이어리를 구매하는 경우를 생각해보자. 상점에 진열된 재생지로 만든 다이어리의 표지 디자인이 마음에 들어 구매하는 것이 본능적 디자인에 속하는 단계다. 다음으로, 재생지로 만든 다이어리를 직접 사용해보니 제품의 내 구성이 좋고 필기감도 좋다고 느끼는 것이 행동적 디자인 단계에 속한다. 마지막으로, 환경 보호를 위해 다 쓴 종이를 재활용하여 만든 재생지 다이어리를 사용하는 것이 의식 있는 지식인으로서 자신의 이미지와 잘 맞는다고 만족감을 느끼는 것이 반영적 디자인 단계에 속한다.

감성 디자인은 광고나 웹디자인 등 비즈니스 분야에서 감성에 호소하는 마케팅을 하는 데 널리 활용되어왔다. 즉 소비자에게 무엇이 필요한지 파악하여 상품을 기획하고 디자인하는 것이 아니라, 소비자가 본능적으로 끌리고 기능성이 좋고 사용하면서 심리적 만족감을 느끼도록 감성 디자인을 이용해왔다. 또한 넓은 의미에서 감성 디자인은 논리나 이성에 호소하는 것이 아니라 본능이나 심리, 감성에 호소하는 디자인이라고 볼 수 있다.

교육 분야에서 감성 디자인은 돈 노먼 교수가 이야기한 감성 디자인의 3단계인 본능적 디자인, 행동적 디자인, 반영적 디자인을 그대로 교육에 적용한다기보다는 넓은 의미에서 이성이 아닌 감성에 호소하여 학생들이 본능적으로 즐거움을 느끼면서 공부할 수 있는 학습법을 의미한다. 즉 공부에 대한 부담에서 벗어나 재미있는 놀이를 하면서 공부하는 것을 말한다. 감성 디자인을 활용한 주요 학습법으로는 게임화(Gamification), 게임 기반 학습(Game based learning), 놀이 학습(Playful learning) 등이 있다.

게임화

게임화(Gamification)는 학습 내용에 변화를 주지는 않지만 재미, 보상, 경쟁 등 게임의 요소를 학습에 적용한 개념이다. 즉 지루하고 힘들고 어렵게만 느껴지는 공부에 게임이 갖고 있는 재미나 보상, 경쟁 등의 요소를 적용해 게임의 재미를 느끼며 학습하는 방식을 말한다.

예를 들어, 컴퓨터 타자 연습을 해야 하는 경우 컴퓨터 앞에 앉아 모니터만 바라보며 타자 연습을 하는 것은 지루하고 힘든 일이다. 그런데 인터넷 타자 연습 프로그램에 접속해 다른 사람들과 경쟁을 하면서 타자 연습을 하면 지루하지 않을 뿐 아니라 전체 순위에서 1등을 하고자 하는 동기가 타자 실력 향상으로 연결되게 된다. 또한 가상현실을 이용해 프랑스 루브르박물관을 견학하는 경우에도 단순히 몇몇 전시품을 다 같이 보고 견학을 마치는 것보다는 게임적 요소를 가미하면 학습 효과를 배가할 수 있다. 주어진 시간 내에 누가 가장 많은 작품을 찾아서 보았는지, 그리고 각 작품에 관한 퀴즈를 누가 가장 많이 맞췄는지 비교한다면 학생들의 집중력과 몰입도가 높아지고 게임을 하듯이 즐기면서 공부를 하게 될 것이다.

소셜네트워크사이트(SNS)도 게임화의 방법으로 이용할 수 있다. 지역의 역사를 공부할 경우 수업용 SNS를 개설하고 학생들이 지역 내 역사 시설을 방문할 때마다 인증 사진과 그곳에서 자신이 공부한 내용을 수업용 SNS에 올리게 한다. 학생들은 역사 시설을 방문한 후 올린 인증 사진마다 50점을 받고, 자신이 공부한 내용을 올리면 30점을 받고, 다른 학생이 올린 글을 읽고 댓글을 달 때마다 5점을 받는 방식으로 서로 경쟁하듯 재미있게 공부할 수 있다.

게임화 방식이 전혀 새로운 개념은 아니다. 어린 시절 엄마와 함께 계단이 끝도 없이 이어지는 오르막길을 걸어 올라가던 경험을 떠올려보자. 언덕 아래에서 까마득히 올려다보이는 계단은 이미 올라가기 전부터 공포감을 불러오고 지친 마음이 들게 한다. 그때 엄마는 게임을 이용한다. 바로 가위바위보를 하면서 올라가자고 제안하는 것이다. 가위바위보 게임을 적용했을 뿐 아니라 빨리 도착하는 사람에게 500원을 주겠다는 보상도 제시된다. 그렇게 재미와 보상에 빠져 가위바위보를 하다 보면 어느새 언덕 꼭대기까지 올라가게 되는 것이다. 이게 다가 아니다. 엄마는 돼지 저금통이라는 경쟁 구도를 만든다. 즉 계단을 오를 때나 심부름을 할 때마다 받는 500원을 모아 돼지 저금통을 채우게 한 다음 누구의 저금통이 더 무거운지 매일 재도록 하여 다음에 더 잘해서 동전을 모으도록 동기를 부여하는 것이다.

다시 말해, 수업에서 게임화를 진행할 때 꼭 컴퓨터나 인터넷, 가상현실 등의 테크놀로지가 필요한 것은 아니라는 것이다. 학생들의 관심과 재미가 어디에 있는지 파악하여 계단을 오를 때 엄마가 사용한 전략처럼 수업에 적용하면 그것이 바로 게임화가 되는 것이다.

게임 기반 학습

게임 기반 학습은 교육용 게임을 실제로 개발해 학습에 이용하는 것을 의미한다. 다시 타자 연습을 예로 들어보자. 단순히 모니터에 나타나는 문장을 치는 것이 아니라 모니터 위쪽에서 내

려오는 단어를 칠 때마다 타자 속도와 정확도에 따라 미사일이 발사되어 외계인의 공격으로부터 지구를 구하는 게임을 하면서 타자 공부를 하는 것이 게임 기반 학습이다.

재미, 보상, 경쟁 등 게임적 요소를 적용했다는 점에서 게임 기반 학습은 게임화와 비슷하다. 게임화와 게임 기반 학습의 가장 큰 차이점은 게임화에서는 학습 내용의 변화 없이 게임적 요소만 가미했다면, 게임 기반 학습에서는 학습 내용 자체가 게임으로 만들어지면서 변화된다는 것이다.

타자 연습을 한다는 학습 목표는 똑같지만 게임 기반 학습에서는 게임의 난이도 조절을 위해 초급 단계에서 상위 단계로 가면서 단어의 종류가 다르게 구성되고 게임의 특성상 오타를 내면 점수가 떨어지고 타자 속도와 정확도가 높아질수록 외계인을 많이 없앨 수 있는 스토리라인과 점수제가 있다. 즉 교육용 게임을 개발하기 위해 학습 내용을 재구성할 필요가 있다.

아리수한글탐정*이 게임을 하면서 한글을 배우도록 한 게임 기반 학습의 한 예다. '가나다라마바사'를 외우고 받아쓰기 공책에 한 글자 한 글자 반복적으로 쓰면서 암기하는 방식이 아니라 〈아기 공룡 둘리〉나 〈아기 돼지 삼형제〉, 〈신나는 사진 찍기〉 등의 이야기를 따라 게임을 하면서 아이들이 자연스럽게 한글 공부와 타자 연습을 동시에 할 수 있도록 구성되어 있다. 또한 단계별

* 플래시 애니메이션을 사용한 2~7세 유아 대상의 한글 교육 프로그램. 서울대 인지과학연구소와 아리수미디어가 공동 개발했다.

	게임화	게임 기반 학습	놀이 학습
게임적 요소 적용	○	○	○
학습 내용 재구성	×	○	○
교육용 게임 개발	×	○	×
학습 동기 향상	○	○	○

게임화, 게임 기반 학습, 놀이 학습의 특성 비교

학습을 완료할 때마다 얻게 되는 꽃과 마법 카드를 '열무'라는 사이버 캐릭터에게 주는 요소를 가미해 아이들이 열무를 키우기 위해서 매일매일 한글 공부를 하도록 동기를 부여하고 있다.

게임 기반 학습을 적용해 만든 교육용 게임의 종류는 어린아이들을 위한 숫자 공부, 한글 및 영어 공부, 수학 공부, 과학 공부 등 다양하다. 또한 교육용 게임을 하는 방법도 컴퓨터와 인터넷을 이용하는 것뿐 아니라 어린이용 교육용 게임 단말기, 교육용 보드 게임을 이용하는 것 등 다채롭다. 특히 교육용 게임을 전문으로 하는 태블릿 PC가 출시되면서 게임 기반 학습의 전성기를 가져왔다.

한편 제4차 산업혁명 시대에는 가상현실(VR)과 증강현실(AR) 기술의 발달에 힘입어 가상현실이나 증강현실을 이용한 게임 기반 학습이 증가할 전망이다. 비록 교육용으로 개발된 게임은 아니지만 증강현실 게임인 포켓몬고를 하면서 많은 사람들이 매일 같이 접속하여 다양한 장소를 다니면서 더 많은 종류의 포켓몬을 잡으려 애쓰고 또 수백 가지가 넘는 포켓몬의 종류와 특성을 줄줄이 외우는 현상을 보면 가상현실과 증강현실 기반의 교육용 게임이 아이들의 학습 동기와 학습 결과를 향상하는 데 얼마나 큰 영향을 미칠지 예상할 수 있다.

놀이 학습

놀이 학습은 학생들이 공부에 대한 부담감 없이 재미를 느끼며 공부할 수 있도록 게임이나 놀이 요소를 적용한 학습법이다. 학습 동기를 향상시키기 위해 게임적 요소를 적용한다는 점에서는 게임화나 게임 기반 학습과 비슷하지만, 놀이 학습에서는 게임과 놀이 요소를 학습에 적용하기 위해 학습 내용을 재구성한다는 점에서 게임화와 차이를 보인다. 또한 게임적 요소를 적용하긴 하지만 실제 교육용 게임을 개발하지는 않기 때문에 게임 기반 학습과도 다르다고 할 수 있다.

놀이 학습의 예로는 뉴욕주립대학교의 '스테이츠심스(Stats Sim)' 앱을 들 수 있다. 스테이츠심스 앱은 회귀분석이나 중심극한정리, 상관분석 등 학생들이 어려워하는 통계 분석 방법들의 개념을 스마트폰 앱으로 놀이를 하듯이 알아갈 수 있게 제작되었다. 예를 들어, 정규분포의 경우 학생들이 스테이츠심스 앱을 이용해 모집단의 크기나 표준분포, 평균값 등을 변화시켜보면서 정

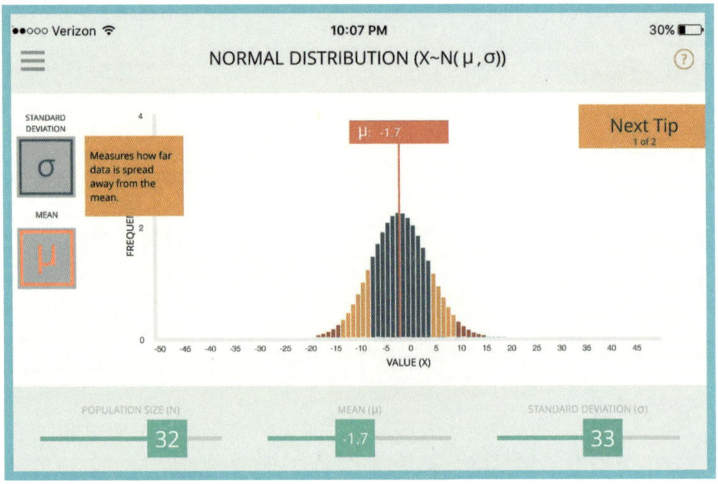

뉴욕주립대학교에서 개발한 놀이 학습 도구인 스테이츠심스 앱 실행 화면

규분포의 개념을 쉽게 이해할 수 있도록 구성되어 있다. 즉 교과서를 읽고 정규분포 관련 문제풀이를 반복하면서 정규분포에 대해 암기하는 것이 아니라 스마트폰 속 앱을 갖고 놀면서 정규분포의 개념을 이해할 수 있는 놀이 학습인 것이다.

놀이 학습의 또 다른 예로는 미국 스미소니언 자연사박물관의 스킨앤본스(Skin & Bones) 앱이 있다. 스킨앤본스 앱은 스마트폰이나 태블릿 PC를 이용해 뼈만 전시되어 있는 동물의 위치를 찾아가 '빅 아이디어'라는 단추를 누르면 증강현실 프로그램을 통해 피부가 재생된 동물의 실제 모습을 보거나 동물 관련 동영상을 시청하면서 공부할 수 있도록 만들어졌다. 자칫 지루하거나 흥미를 잃기 쉬운 자연사박물관 견학에서 학생들이 증강현실 프로

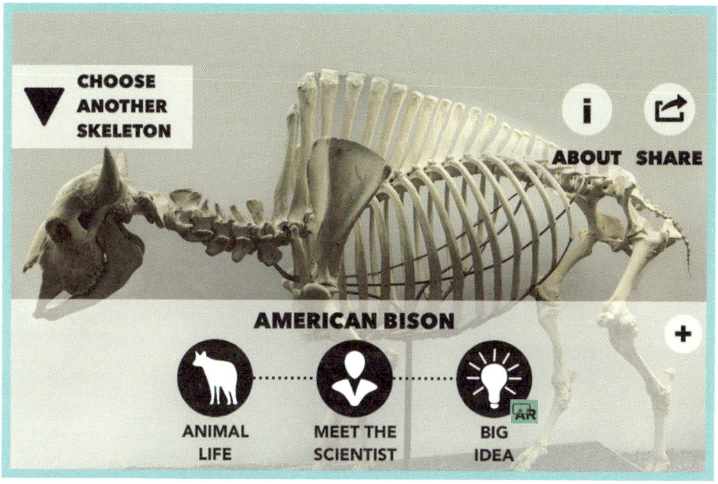

스미소니언 자연사박물관의 스킨앤본스 앱

그램도 체험하고 동물들의 모습을 생동감 있게 보면서 재미있게 공부할 수 있도록 구성한 것이다.

증강현실 기술이 발달함에 따라 증강현실을 이용한 놀이 학습은 우리 교육의 많은 부분을 차지하게 될 것이다. 하지만 놀이 학습을 위한 게임이나 놀이가 꼭 컴퓨터나 스마트폰, 태블릿 PC를 이용해야만 하는 것은 아니다. 종이접기 놀이를 하면서 도형의 개념을 이해하고 구슬 놀이를 하면서 덧셈과 뺄셈의 원리를 이해하는 것도 놀이 학습의 일종이다. 따라서 놀이 학습에서는 어떤 기술을 사용하느냐보다 학생들이 게임이나 놀이를 하는 동안 학습 목표를 달성할 수 있도록 수업을 설계하는 것이 더 중요하다.

PART 3

학습혁명의 시대, 우리는 어떻게 배울까

교육 3.0 시대, 마이크로러닝

제4차 산업혁명은 지식에 대한 우리의 인식 자체도 변화시킨다. 지식은 습득하고 소유하는 개념에서 공유하는 개념으로 인식의 전환이 일어난다. 정부나 전문가, 공공기관과 기업, 또는 교수나 학계가 보유하고 관리하던 정보가 대중에 공개되고 이를 이용해 누구나 새로운 부가가치를 창출할 수 있게 된다 컴퓨터와 정보 통신 기술의 발달과 더불어 지식의 생산자, 전달자, 소비자의 경계가 모호해져 누구라도 지식을 생산하고 전달하며 소비할 수 있는 시대가 되는 것이다. 지식을 습득하는 과정은 누군가에게 배우는 과정이 아니라 함께 배워가는 사회적 학습의 과정이 된다. 지식의 유효기간은 갈수록 짧아지고 관점의 다양성이 존중되어 하나의 정답이 아닌 여러 가지 가능한 답이 공존하게 된다. 따라서 대학의 졸업장이나 자격증이 아닌 각 분야에 대한 개인의 전문성과 숙련도를 중심으로 개인의 능력을 평가하게 된다.

모바일 기기와 데스크톱 컴퓨터의 전 세계 사용자 수 비교

교육 패러다임이 변화함에 따라 정보가 이동하는 패턴과 교육 방식도 달라지게 마련이다. 교실 안이나 컴퓨터 앞에 앉아서 장시간 공부하기보다 모바일 기기를 이용해 짧은 시간 동안 집중력 있게 공부하는 것이 더 효과적이게 된다. 학습 단위는 한 수업 안에 여러 가지 내용을 다 담는 것이 아니라 하나의 수업에 한 가지 내용만 포함하는 마이크로러닝(Micro learning)이 주류가 될 것이다.

모바일 기기의 사용자 수는 이미 데스크톱 컴퓨터 사용자의 수를 앞선 지 오래다. 미국 투자은행 중 하나인 모건스탠리가 조사한 바에 따르면, 전 세계 모바일 기기 사용 인구는 매년 기하급수적으로 증가해 2014년에 데스크톱 컴퓨터 사용자 수를 넘어섰

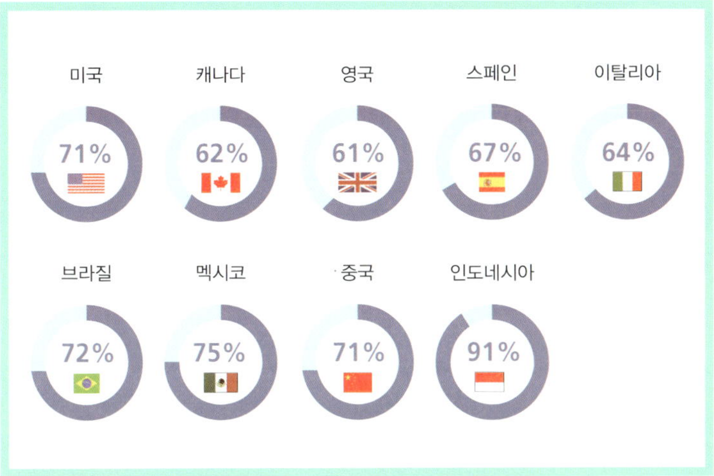

나라별 인터넷 사용 시간 중 모바일 기기 사용 비중(출처 : 컴스코어)

으며 시간이 지날수록 차이는 더 크게 벌어질 것으로 나타났다.

또한 인터넷을 사용할 때도 모바일 기기를 가장 많이 사용하게 되었다. 글로벌 디지털 미디어 분석 기관인 컴스코어(ComScore)가 2017년 1월에 발표한 자료에 따르면, 인도네시아는 인터넷 이용 시간 중 모바일 기기가 차지하는 비중이 무려 91%나 되었으며 미국, 멕시코, 브라질, 중국 등도 각각 71%, 75%, 72%, 71% 등 70%를 넘어선 것으로 나타났다. 뒤를 이어 영국, 캐나다, 스페인, 이탈리아 등도 60%가 넘게 인터넷 접속 시 모바일 기기를 사용한 것으로 나타났다.

제4차 산업혁명 시대는 이른바 교육 3.0 시대라고 할 수 있다. 교육 3.0 시대에는 정보의 생산자, 전달자, 소비자의 경계가 허

	교육 1.0	교육 2.0	교육 3.0
지식이란?	받아 적고 암기하는 것	사회적으로 구성된 것	사회적으로 구성되고 맥락에 따라 재창조되는 것
학습은?	선생님에게 배우는 것	선생님뿐 아니라 친구한테도 배우는 것	선생님과 친구한테도 배우지만 선생님도 학생에게 배우기도 하는 것
선생님은?	국가 인증 전문 교사	국가 인증 전문교사	언제 어디서든 누구나
학교는?	건물 형태로 존재	건물 형태뿐 아니라 온라인상에도 존재	카페, 식당, 직장, 길거리, 지하철, 여행지 등 어디든 다

물어져 누구나 정보를 학습하고 재생산하여 전달하는 정보의 주체가 될 수 있다. 그런 면에서 교육 3.0 시대는 교육 1.0과 교육 2.0 시대와는 확연히 다른 새로운 개념이라고 볼 수 있다.

교육 1.0 시대에 학습은 곧 선생님에게 배우는 것만을 의미했다. 선생님에게 배운 내용을 받아 적고 암기하는 것을 지식으로 간주했고, 국가에서 치르는 인증 시험을 거쳐 교사자격증을 취득해야만 학생들을 가르칠 수 있었다. 이러한 교육 1.0 시대에 학교 하면 떠오르는 이미지는 학교 건물과 운동장, 책상과 걸상, 칠판과 분필 등이었다.

컴퓨터와 정보 통신 기술의 제3차 산업혁명으로 등장한 교육 2.0 시대에 지식은 단순히 선생님이 전달한 내용을 받아 적고 암기하는 것이 아니라 사회 구성원들의 상호작용을 통해 발달하고 구성되는 것이라고 정의한다. 즉 우리의 생각, 태도, 지식과 학습, 가치 등은 사회 구성원들이 상호작용하는 과정에서 생성되고 발전하는 사회적 산물이라는 것이다. 따라서 학습의 개념도 바뀌어 일방적으로 선생님에게 배우는 것만을 일컫는 것이 아니라 학급 내 다른 친구들과 상호작용하면서 배우는 모든 내용이 학습으로 간주되었다. 또한 온라인 교육의 개념이 도입되고 온라인 수업이 확대되면서 배움의 장소인 학교는 단지 건물 형태로만 존재하는 것이 아니라 온라인상에서도 존재한다는 사고의 전환이 이루어졌다. 다만 교육 2.0 시대에도 여전히 교육 1.0 시대와 같이 학생을 가르치는 역할은 교사자격증이 있는 전문 교사가 하는 것이 일반적이었다.

반면에 교육 3.0 시대에 지식은 사회 구성원들 간의 상호작용 속에서 발달하는 사회적 산물일 뿐 아니라 상황이나 맥락에 따라 다른 양상을 띠고 재창조되는 유연한 개념으로 정의된다. 이를테면 1 더하기 1은 2라는 고정된 형태의 지식이 아니라 경우에 따라 1이 될 수도 있고 3이 될 수도 있는 열린 개념으로 언제든 변화 가능한 지식이 된 것이다.

교육 3.0 시대의 또 다른 특징은 꼭 교사자격증이 있는 전문 교사만 학생을 가르칠 수 있는 것이 아니라 언제 어디서든 누구나 교육을 제공할 수 있는 교육의 생산자와 전달자가 될 수 있다는 것이다. 선생님과 친구들에게 배울 수도 있지만 인터넷상에서 전 세계 모든 정보에 대한 접근성이 강화됨으로써 언제든 자신이 원하는 정보를 찾아보고 정보의 주체가 될 수 있는 것이다. 따라서 선생님도 학생이 공부한 내용을 통해 배울 수 있게 된다.

배움의 장소도 다양해진다. 인터넷과 사물인터넷(IoT) 기술의 발달로 반드시 학교 건물 안에서만 공부하는 것이 아니라 카페나 식당, 직장이나 지하철, 길거리, 여행지 등 어디든 장소에 상관없이 배움의 공간이 될 수 있다.

모바일 기기의 이용 증가와 교육 3.0 시대의 도래 등 교육 환경의 변화에 따라 효율적이고 효과적인 교육을 실현하기 위해 마이크로러닝이라는 개념이 도입되었다. 마이크로러닝은 학습 정보가 노출되는 시간을 90초 미만으로 쪼개고 동영상을 기반으로 정보를 전달하며 학습자가 필요한 한 가지 정보만을 짧은 순간에 바로바로 전달하는 방식의 고효율 학습법을 말한다.

마이크로러닝이 등장하게 된 배경은 독일의 심리학자 헤르만 에빙하우스(Hermann Ebbinghaus)의 망각 곡선 이론에 기반을 두고 있다. 에빙하우스의 망각 이론에 따르면, 학습을 마친 직후부터 배운 내용을 망각하기 시작하는데 20분이 지나면 단 60%만 기억나게 된다. 한 시간이 지나면 학습 내용의 50%밖에 기억하지 못하고 2일이 지나면 20%만 머릿속에 남고 한 달이 지나면 단 10% 미만의 내용만 기억하게 된다. 따라서 에빙하우스는 지속적인 복습을 통해서만이 인간의 망각 문제를 해결하고 학습 효과를 향상시킬 수 있다고 주장했다.

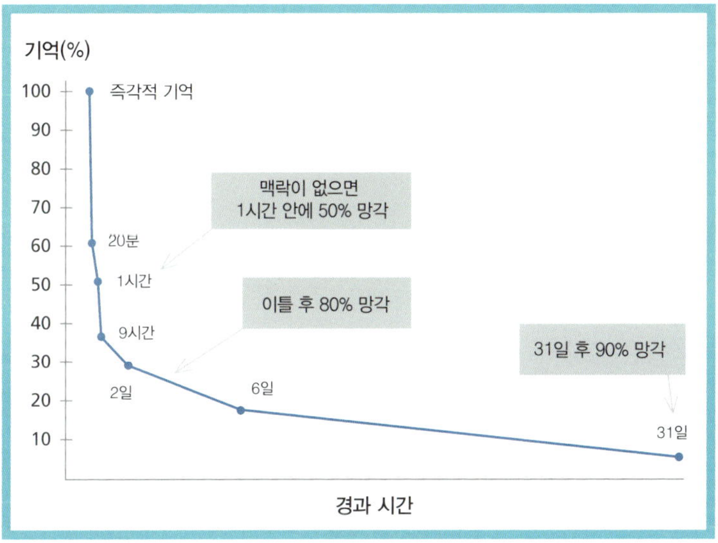

에빙하우스의 망각 곡선

마이크로러닝은 에빙하우스가 주장한 망각 곡선 이론의 문제를 반복 학습을 통해서뿐 아니라 한 번의 학습에서 배우는 내용을 줄임으로써 해결하려는 역발상에서 출발했다. 즉 인간의 망각 문제를 해결하기 위해 많은 내용을 한 번에 가르치는 것이 아니라 한 번에 한 가지씩만 가르쳐서 기억해야 할 정보의 양을 줄이는 방식이다. 또한 반복 학습의 경우에도 배운 내용을 단순히 반복하여 암기하는 것이 아니라 다양한 상황이나 조건에 적용하는 과정을 통해 학습 내용을 이해하여 자기 것으로 만들 수 있도록 한다.

마이크로러닝은 특성상 학교 교육보다 기업의 재직자 교육 분야에 먼저 도입되었다. 하지만 제4차 산업혁명 시대에는 학교 교육에서도 마이크로러닝이 보편화될 전망이다. 마이크로러닝의 특성을 이해하고 학습에 활용하는 방안을 알아보자.

90초 미만 학습

마이크로러닝의 가장 큰 특징은 단일 학습 시간이 짧다는 것이다. 한 수업당 주제를 세분화하여 수업 시간을 90초 미만으로 하고 아무리 길어도 4분을 넘기지 않는다. 90초라는 시간이 공부를 하기에 엄청나게 짧은 시간이라는 생각이 들 수도 있다. 하지만 마이크로소프트사가 2015년에 진행한 연구 결과를 보면 반드시 그런 것은 아님을 알 수 있다. 마이크로소프트사는 밀레니엄 세대를 대상으로 2,000명을 선발하여 집중력에 대한 연구를 진행했다. 이때 밀레니엄 세대의 집중 시간은 단 8초로 나타났다. 이는 집중력이 낮기로 악명 높은 금붕어의 집중 시간인 9초보다도 짧은 시간이다! 또한 밀레니엄 세대가 다른 것에 주의를 뺏기지 않고 한 주제에 최대한 집중할 수 있는 시간은 90초로 밝혀졌다.

2025년에는 이런 밀레니엄 세대가 학교에 다니는 재학생의 대부분을 차지하게 될 뿐 아니라 직장에서도 직원의 75%가 밀레니엄 세대가 된다. 최근 43초 TV나 72초 TV* 등이 모바일 매체를

* 스마트폰에 최적화된 모바일 드라마를 제작해 공급하는 업체. '43초 TV'는 20대가 생각하는 적정 동영상 길이인 43.1초를 기준으로 기획되었다. '72초 TV'는 대략 2분 안에 끝나는 초미니 드라마를 제작해 페이스북, 유튜브, 네이버TV, 카카오TV 등

90초 미만
학습
개인 맞춤형
학습
학습자 중심
자기 주도 학습
마이크로러닝
인터랙티브 리치
미디어 학습
비선형
학습
단일 주제
다적용 학습

통해 등장한 것도 이런 밀레니엄 세대의 특징을 반영한 추세라 할 수 있다.

마이크로러닝에서는 각 주제들이 세분화된 만큼 주제를 매우 편리하게 검색할 수 있다. 예를 들어 거북선의 제조 공법이 궁금한 경우, 이순신 장군의 업적이 담긴 1시간짜리 긴 동영상 강의를 처음부터 보면서 거북선 제조 공법이 나오는 장면을 찾아야 한다면 얼마나 불편할까. 거북선 제조 공법을 검색하여 바로 90초짜리 짧은 강의를 찾을 수 있다면 더 효율적으로 공부할 수 있을 것이다.

학습자 중심 자기 주도 학습

마이크로러닝은 개인이 공부하고자 할 때면 언제든 공부할 수 있는 학습자 중심의 자기 주도 학습 방법이다. 마이크로러닝은 교수자와 직접 만나서 수업을 듣는 게 아니라 개인이 스스로 자신에게 가장 적합한 시간에 학습을 진행하기 때문에 시간과 장소에 구애 받지 않고 언제 어디서든 어떤 매체를 통해서든 공부할 수 있다. 컴퓨터뿐 아니라 스마트폰이나 태블릿 PC 또는 사물인터넷(IoT) 등 인터넷과 연결된 다양한 매체를 통해 학습 활동을 할 수 있다. 90초 미만의 짧은 시간에 집중하여 한 가지 주제를 공부하기 때문에 교실과 같은 특정 장소가 아니어도 지하철이나

SNS 채널을 통해 대중에게 선보인다.

버스, 카페나 음식점 등 어디서든 궁금한 점을 검색하여 학습할 수 있다.

비선형 학습

마이크로러닝은 하나부터 열까지 순서대로 배우는 선형식 학습 방법이 아니라 3이 궁금할 때는 3을, 7이 궁금할 때는 7을 바로 공부할 수 있는 비선형 학습 방식이다. 즉 마이크로러닝은 개인이 자신의 관심과 흥미에 따라 원하는 내용을 원하는 순서대로 공부할 수 있도록 해준다. 이해가 안 가거나 조금 더 자세한 내용이 궁금한 주제는 언제든 자신이 원하는 때에 다시 공부하고 심화 학습을 할 수 있다.

물론 내용의 흐름상 앞의 내용을 먼저 이해해야 뒤에 나오는 내용을 이해하는 데 도움이 되는 주제도 있기는 하다. 하지만 이런 경우를 제외하고는 개인이 관심 있는 주제를 먼저 공부할 때 학습 동기도 향상되고 집중력과 참여도도 증가된다. 특히 효율적인 면을 따지면 학습(learning)만큼 중요한 것이 아는 내용을 굳이 다시 배우지 않는 것(unlearning)이라고 할 수 있다. 마이크로러닝은 개인이 이미 아는 내용은 지나가고 학습자가 필요로 하거나 모르는 내용에 집중할 수 있도록 해준다는 면에서 더 효율적이라고 할 수 있다.

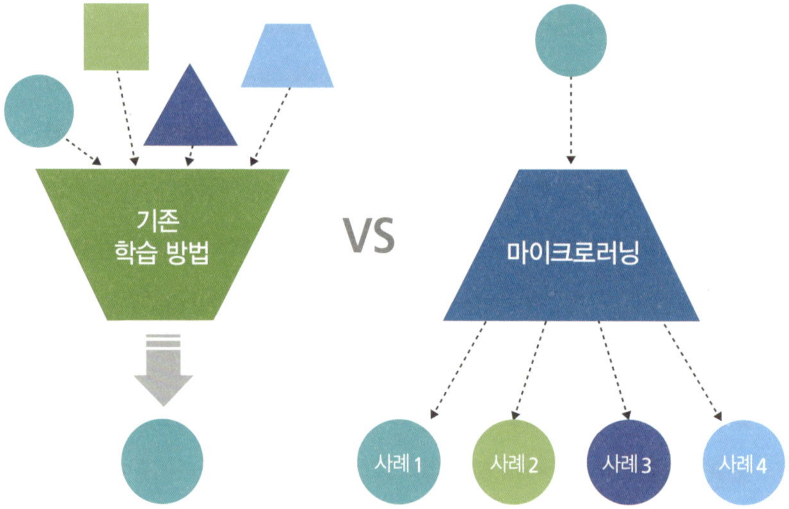
기존
학습 방법
VS
마이크로러닝
사례 1
사례 2
사례 3
사례 4

단일 주제 다적용 학습

마이크로러닝의 또 다른 특징은 단일 주제 다적용 학습이라는 것이다. 즉 한 번에 한 가지만 배우고 여러 상황이나 조건에 다양하게 적용하면서 배운 내용을 자기 것으로 만드는 과정을 거친다. 예를 들어 '파워포인트를 이용한 효과적인 프리젠테이션 방법'이란 주제를 배운다고 치자. 기존의 학습 방식으로는 1시간이나 3시간 정도의 강의 시간 동안 프리젠테이션을 들을 대상 청중을 분석하는 법, 발표 내용의 효과적 구성법, 파워포인트 테마와 템플릿을 이용하는 법, 애니메이션이나 트랜지션과 같은 파워포인트 효과를 이용하는 법 등 다양한 주제를 배우게 된다.

그런데 마이크로러닝은 파워포인트의 애니메이션 사용법을 알고 싶은 경우에 해당 주제를 검색해 애니메이션에 대해서만 공부한 다음에 배운 내용을 여러 상황에 적용하여 연습해볼 수 있게 한다. 이런 과정을 통해 학습자가 파워포인트의 애니메이션 기능을 제대로 이해하고 적절히 사용할 수 있도록 숙련도를 높이는 효과를 가져오게 된다.

인터랙티브 리치 미디어 학습

마이크로러닝은 학습 시간과 단위가 짧은 만큼 학습자가 보다 적극적이고 집중적으로 학습 콘텐츠와 상호작용할 수 있도록 비디오와 인터랙티브 리치 미디어(Interactive Rich Media)를 기반으로 제작된다. 학습 내용을 90초 미만의 짧은 시간에 효과적으로 전달하기 위해 비디오를 이용한 동영상과 음성, 이미지와 문자를 활용해 종합적으로 구성한다. 또한 컴퓨터뿐 아니라 스마트폰이나 태블릿 PC로 공부하면서 단순히 동영상 강의를 시청하는 데 그치는 것이 아니라, 중간중간 퀴즈도 풀고 더 자세히 알고 싶은 경우에는 상세 정보 단추를 눌러 심화 학습을 할 수 있도록 리치미디어를 기반으로 만들어진다.

개인 맞춤형 학습

마이크로러닝에서는 모든 학습자가 똑같은 내용을 동시에 배우는 것이 아니라 개인의 관심과 흥미에 따라 학습 내용과 순서를 결정하는 개인 맞춤형 학습(Personalized learning)이 이뤄진다. 그러나 개인 맞춤형 학습 방법이라고 해서 모든 것을 개인에게만 맡기고 아무런 관리를 하지 않는 것은 아니다. 학습 분석(Learning analytics)과 학습 관리 시스템(Learning Management System : LMS)을 이용해 개인의 학습 현황을 분석하고 개인별로 심화 학습이 필요한 주제에 대해 심화 강의 콘텐츠를 제공함으로써 다양한 사례를 통해 학습자가 학습 내용을 잘 이해하고 적용할 수 있도록 해준다. 또 학습 전 퀴즈를 통해 이미 알고 있는 내용을 찾아내 해당 주제를 학습 과정에서 제외시켜버림으로써 이미 아는 것을 다시 배우지 않고 모르는 내용만 집중해서 배울 수 있도록 해준다.

언제 어디서든 공짜로 배운다 — 무크(MOOC)

교육 패러다임의 변화는 우리 인식에도 변화를 가져온다. 제4차 산업혁명 시대에 교육에서 우리가 가장 주목할 변화는 어디서 배웠느냐보다 무엇을 배웠느냐를 더 중요하게 생각하는 인식의 변화다. 굳이 대학이나 전문 기관에서 배우지 않더라도 지식의 깊이가 깊고 기술의 숙련도가 높다면 그 능력을 인정받고 인재로 등용되어 자신의 능력을 맘껏 펼칠 수 있는 시대가 올 것이기 때문이다. 따라서 언제 어디서든 마음대로 자신이 원하는 수준 높은 강의를 무료로 들을 수 있는 온라인 무료 수업인 무크(Massive Open Online Courses : MOOC)를 활용한 학습이 더욱 확대될 것으로 전망된다.

무크(MOOC)는 지난 2008년 캐나다 애서배스카대학교(Athabasca University)의 조지 지멘스(George Siemens) 교수와 캐나다 국가연구위원회(National Research Council)의 스티븐 다운스(Stephen Downes) 교수가 "연계주의와 연계 지식(Connectivism and Connective Knowledge)"이란 이

름의 수업에서 초기 참여 기반 cMOOC(connectivist)를 시작하면서 세상에 공개되었다. 이후 무크는 동영상 기반 xMOOC(eXtended), 게임 기반 gMOOC(game-based), 개인 중심 pMOOC(personalized) 등 다양한 형태로 진화하며 변화를 거듭하고 있다.

무크가 본격적으로 세상의 관심을 받게 된 것은 2012년부터다. 하버드대, 매사추세츠공대(MIT), 스탠퍼드대, UC버클리 등 미국의 주요 명문 대학들이 무크를 통한 지식의 무료화*에 동참하고 대학이나 기관, 벤처캐피탈 등의 자금이 유입되면서 말 그대로 무크의 전성기를 맞이하게 되었다. 양질의 강의 콘텐츠를 전 세계 어디서든 무료로 수강할 수 있다는 사실 하나만으로도 무크의 존재는 획기적이었다.

일반 교육

현재 많은 회사에서 무크를 운영하고 있는데, 미국의 주요 무크 플랫폼 회사로는 코세라(Coursera), 에드엑스(EdX), 유다시티(Udacity), 칸아카데미(Khan Academy) 등을 들 수 있다. 코세라나 유다시티는 벤처 캐피탈 자금을 가지고 시작했는데, 온라인 무료 수

* 지식의 무료화(Access to Knowledge : A2K) 운동은 아르헨티나와 브라질의 요청으로 세계지적재산권기구(WIPO)가 2004년 9월 채택한 제네바 선언의 내용을 바탕으로 시작된 지식과 정보에 대한 접근권을 개방하는 운동을 말한다. 제네바 선언은 WIPO가 공적 영역(public domain) · 경쟁과 재산권 간의 균형 그리고 조화와 다양성 간의 균형을 가질 것을 요구하면서 더 이상 독점을 확대하거나 지식에 대한 접근을 제약하는 새로운 조약과 기준을 유예해야 한다고 주장했다.

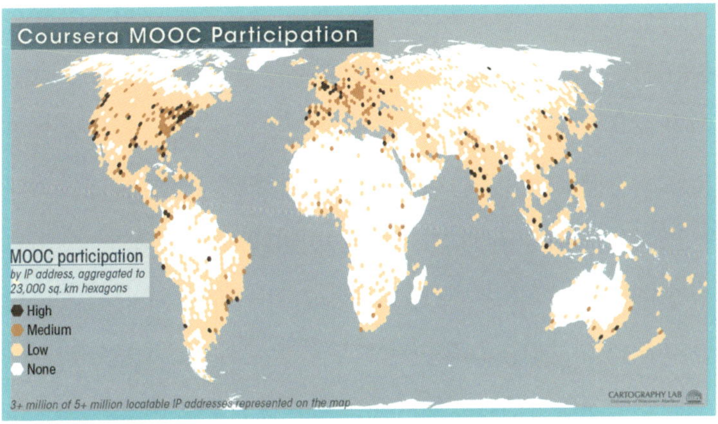

2013년 전 세계 코세라 무크의 수강생 현황(www.wordpress.com)

업인 무크의 공익성을 유지하면서 수익 모델을 창출하기 위해 노력 중이다. 에드엑스는 하버드와 매사추세츠공대 등 대학의 우수 교수진과 자금으로 문을 열었고 칸아카데미는 빌&멀린다 게이츠재단과 같은 비영리 재단에서 자금을 받아 시작되었다.

영국의 대표적인 무크 플랫폼인 퓨처런(FutureLearn)의 경우, 오랜 역사를 자랑하는 세계적 원격대학*인 오픈유니버시티(Open University)가 영국문화원, 국립도서관, 대영박물관과 함께 영국 및 전 세계 100여 개의 대학 및 기관을 연합해 개발한 콘텐츠를 제공하고 있다. 영국문화원이 선정한 30여 개 저개발국가 출신의

* 정보 통신 기술을 이용한 가상 공간에서 학습자가 시간과 공간의 제약 없이 교수자가 제공한 교육 서비스를 제공 받고, 일정한 학점을 이수한 학생에게 학사 학위 또는 전문 학사 학위를 제공하는 고등교육체제를 뜻한다.

사람이 퓨처런에서 온라인 수업을 듣는 경우 50~90달러에 달하는 유료 수료증을 무료로 발급해주기도 한다. 퓨처런은 2012년 12월 처음 문을 연 이래 "① 강의 콘텐츠의 무료화, ② 학습자의 피드백 경청, ③ 개인별 학습 현황에 대한 분석 결과를 스토리텔링 형식으로 전달, ④ 학습자 간 사회적 상호작용 권장, ⑤ 학습자가 함께 학습 공간 제공, ⑥ 학습자 간 네트워크 형성, ⑦ 학습 과정의 단순화, ⑧ 학습자들 상호간에 사회적 학습 강화, ⑨ 학습자가 지속적으로 성취감을 느끼도록 마이크로러닝 기반 학습 과정 설계, ⑩ 평생교육의 확대" 등 10대 원칙하에 무크 과정을 개발하고 있다. 한편 독일은 전통의 기술 강국답게 기술 교육 중심으로 무크가 운영되고 있다. 주요 무크 플랫폼으로는 아이버시티(iversity)와 하소 플래트너 연구소(Hasso-Plattner-Institute)의 오픈SAP(OpenSAP)가 있다.

우수 대학교의 최고 교수진이 강의한 자료를 무료로 전 세계에 공개한다는 취지 아래 출발한 무크는 여러 가지 문제에 봉착하게 되었다. 수십만 명이 등록하지만 겨우 수백 명만 과정을 모두 마치는 높은 중도 탈락률이라든가 학습자의 낮은 만족도 문제, 무크 플랫폼 회사들의 수익 창출 모델 개발과 무크의 다양한 활용 방안 등 여러 가지 문제점이 노출되었다. 결국 무크 플랫폼 회사들은 유료 수료증 발급, 유료 전문가 경력 프로그램, 무료 무크를 수강한 다음 학위 과정에 진학할 때 학점을 인정받을 수 있는 마이크로마스터(MicroMasters) 프로그램 등 다양한 형태로 변화를 시도했다. 한편 미국 조지아공대는 유다시티의 무크 플랫폼을 이용해 컴퓨터 사이언스 석사 학위를 취득할 수 있는 과정을 도입하여 거꾸로 학습(Flipped learning)과 저렴한 학비로 크게 반향을 일으켰다.

최근 무크 플랫폼 회사들은 직무 중심의 기술 교육에 중점을 둔 교육 프로그램을 유료로 구직자에게 제공하는 서비스를 실시하고 있다. 코세라의 스페셜라이제이션(Specialization)이나 시그니처 트랙(Signature Track), 에드엑스의 엑스 시리즈(X series), 유다시티의 나노디그리(Nanodegree)나 블리츠(Blitz) 등이 대표적이다. 주요 분야로는 사이버 보안, 앱 개발, 인공지능, 소프트웨어 개발, 빅데이터, 데이터 사이언스, 사물인터넷, 마케팅, 파이낸스, 기업가 정신, 리더십, 프로젝트 매니지먼트, 커뮤니케이션 등이 있다.

또한 교수자가 일방적으로 지식을 전달하는 동영상을 기반으로 한 xMOOC 중심의 운영 방식에서 학습자 스스로 학습 공동체를 만들어 소셜 러닝과 협업 학습을 중심으로 공부해 나가도록 유도하는 방식으로 교수법이 전환되는 추세이다. 무엇보다도 직무 중심 유료 프로그램 수강생들에게는 전문 컨설턴트가 직접 경력을 관리해주는 서비스를 실시해 무크 강의를 듣고 새로운 분야로 이직하거나 직장 내에서 승진을 할 수 있도록 도와주고 있다. 무크 강의는 더욱 많은 사람들에게 학습 기회를 주고자 현재도 다양한 방식으로 진화를 시도하고 있다.

MOOC 플랫폼
기업
비즈니스
모델 개발
재직자
교육 비용 절감
우수 콘텐츠
직업 훈련
MOOC
플랫폼
생산성 향상
체계적
교육 서비스
마이크로러닝
구직자

재직자 교육

제4차 산업혁명 시대를 맞아 기업의 인재 관리(HRD) 및 평생교육 분야에 새로운 흐름이 등장했는데, 바로 무크 플랫폼을 활용한 교육이다. "무크는 무료"라는 인식을 거스르지 않으면서 수익 모델을 개발해야 하는 무크 플랫폼 회사와 재직자 교육 비용을 절감하면서 생산성을 향상시켜야 하는 기업의 상황, 그리고 개념과 이론에만 치중한 교육이 아니라 실질적으로 취업 후 바로 활용할 수 있는 직무 중심 기술 교육이 필요한 구직자의 요구를 두루 수용한 해법으로 직업 훈련 무크가 등장하게 되었다.

또한 무크의 교육 방식은 기업의 인재 관리 분야에 마이크로러닝이 도입되어 강의 주제를 세분화하고 개별 동영상 강의의 길이를 90초 미만으로 줄임으로써 재직자들이 필요할 때마다 바로 학습할 수 있도록 한 재직자 교육 추세에도 잘 부합한다. 게다가 일회성 교육으로 끝나는 것이 아니라 재직자들의 교육 과정과 학습 효과를 분석하여 그 결과를 기업에 제공함으로써 기업이 체계적으로 재직자 교육을 운영하고 재직자의 만족도와 생산성을 향상시킬 수 있도록 해준다. 미국의 경우만 봐도 2012년 한 해에만 1,642억 달러에 달하는 천문학적 비용이 재직자 교육에 쓰였다. 재직자 교육 비용은 매년 증가하는 추세이므로 무크 플랫폼을 활용한 구직자 및 재직자 교육도 계속 확대될 전망이다.

무크를 활용하여 재직자 교육을 하고 있는, 미국이나 유럽의 무크 플랫폼 사례를 몇 가지 살펴보자. 먼저 미국 코세라의 경우, 기업의 재직자 교육 프로그램을 위한 전담 부서를 개설하고 코세라 포 비즈니스(Coursera for Business)라는 별도 홈페이지를 운영 중이다. 컴퓨터와 스마트폰을 이용해 100% 온라인으로 모든 과정을 이수할 수 있도록 지원하고 현재 보유 중인 1,800여 개의 코세라 플랫폼 내 무크 과정뿐 아니라 개별 기업의 재직자 교육에 맞는 맞춤형 무크 과정 설계 서비스도 제공하고 있다. 주요 주제로는 비즈니스, 데이터 사이언스, 컴퓨터 사이언스, 리더십, 테크놀로지, 자기 계발 등이 있으며, 빅데이터 기반의 대시보드(dashboard)*를 활용함으로써 기업이나 재직자가 실시간으로 수강 현황을 확인하고 단계별 과정을 체계적이고 효율적으로 수강할 수 있도록 지원하고 있다. 현재 에어프랑스, 페이팔(PayPal), 로레알화장품, 액시스은행(Axis Bank), 잉그램(Ingram) 등 다양한 글로벌 기업들의 재직자 교육을 실시하고 있다.

미국의 에드엑스도 기업의 재직자 교육 프로그램을 위한 전담 부서를 개설하고 에드엑스 포 비즈니스(EdX for Business)라는 별도 홈페이지를 통해 고객 회사를 모집 중이다. 전 세계 100여 개의 대학 및 기관에서 30여 개 분야에 대해 만든 1,000여 개의 무크 과정을 이용해 개별 기업의 재직자 교육 요구에 적합한 프로그

* 웹에서, 한 화면에서 다양한 정보를 중앙 집중적으로 관리하고 찾을 수 있도록 하는 사용자 인터페이스(UI) 기능. 여러 종류의 웹 기반 콘텐츠를 재사용할 수 있도록 구성하고 문서, 웹 페이지, 메시지, 미디어 파일 등 다양한 콘텐츠를 한 화면에서 관리한다.

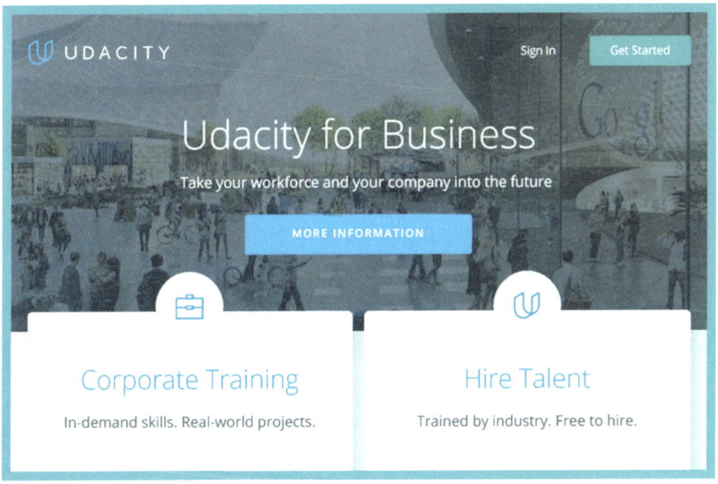

유다시티의 재직자 교육 과정

램을 제공하고 있다. 재직자들의 온라인 학습 행동과 학습 결과를 분석해 생산성을 향상시키고 기업의 의사 결정에 도움이 되는 데이터를 제공할 뿐 아니라 기업 내 재직자들이 같은 무크 과정을 수강하며 함께 공부하고 토론하며 사회적 학습과 협동 학습을 하도록 유도한다.

코세라나 에드엑스와 비슷하게 유다시티도 자사가 보유하고 있는 무크를 활용하거나 기업이 특정 주제의 강의를 원하는 경우 맞춤형 무크를 개발해 교육 서비스를 제공하고 있다. 유다시티 역시 재직자의 교육 과정을 추적하여 대시보드 형태로 제공해 기업의 인사 담당자들이 교육 진행 상황을 한눈에 확인하고 쉽게 관리할 수 있도록 해준다. 유다시티만의 독특한 점은 기업

독일 아이버시티의 대표 무크 과정

재직자 교육과 기업 채용 지원 두 가지로 나눠 서비스를 제공하고 개별 기업이 특정 기술을 보유한 직원을 원하는 경우 유다시티의 블리츠(Blitz)나 나노디그리(Nanodegree) 과정 수료자 중 가장 적합한 직원을 채용할 수 있도록 지원하는 서비스를 실시하고 있는 것이다. 구글, AT&T, 벤츠, IBM 왓슨, 제너럴 일렉트로닉스, 피아트 크라이슬러 오토모빌스 등 미국 내 많은 대기업이 유다시티의 재직자 교육 서비스를 이용하고 있다.

독일의 대표적 무크 플랫폼인 아이버시티는 디지털 직무 능력 개발(Digital Professional Development) 프로그램을 중심으로 기업의 재직자 교육과 구직자의 직무 능력 개발에 무크를 활용하고 있다. 애자일 매니지먼트(Agile Management), 예측 분석(Predictive Analytics), 디지털 마케팅 등 디지털 직무 능력 개발과 관련한 교육 과정을 제공하며, 기업이 요구하는 경우 신규 디지털 직무 능력 개발 무크 과정을 개설하는 것도 지원해준다. 독일의 철도 기업인 도이치반(Deutsche Bahn), 로레알화장품, 독일 물류 전문 기업인 헤르메스(Hermes) 등 여러 기업이 아이버시티의 재직자 교육 서비스를 이용하고 있다.

영국의 퓨처런도 워크플레이스 러닝(Workplace learnin)이라는 기업 재직자 교육 프로그램을 운영하고 있다. 전 세계 100여 개 대학과 기관의 우수 강의 콘텐츠를 재직자들이 필요에 따라 수강할 수 있도록 하며 학습 현황과 학습 데이터 분석 결과를 대시보드를 통해 제공하고 있다. 퓨처런에서 이루어지는 재직자 교육의 특징은 교수자가 일방적으로 지식을 전달하는 방식보다 학습자 스스로 학습 공동체를 만들어 소셜 러닝과 협업 학습을 중심으로 공부해 나가도록 유도한다는 점이다. 주요 분야로는 비즈니스 매니지먼트, 데이터 분석, 마케팅, 파이낸스, 테크놀로지, 헬스케어 등이며 뱅크 오브 아일랜드, 캐멀롯, 워터스톤스, M&S 등 영국의 주요 기업들이 퓨처런의 재직자 교육 서비스를 이용하고 있다.

이쯤에서 떠오르는 질문이 하나 있다. '전 세계에서 무크를 이용해 공짜로 양질의 지식을 얻을 수 있다고 쳐도 영어나 독일어 등 무크가 만들어진 나라의 언어를 모르면 내용을 전혀 알아들을 수 없지 않을까?' 하지만 현재 개발 중인 자동 번역(Machine

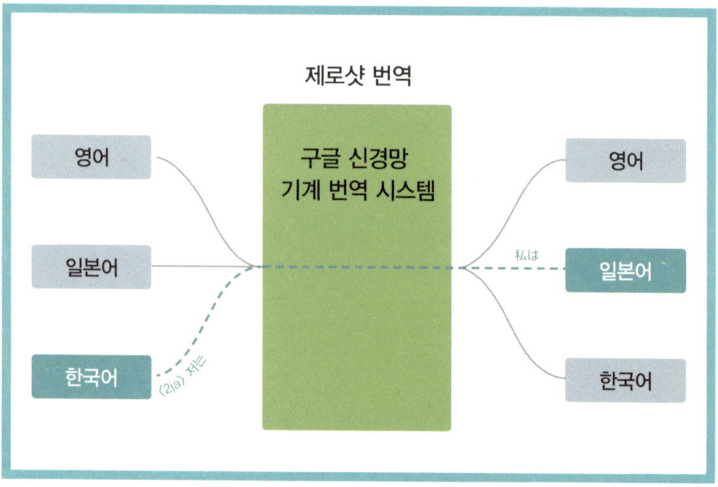

제로샷 번역 방식

translation) 시스템의 발전 속도를 보면 조만간 외국어로 된 무크를 수강하는 데 아무런 언어적 불편함을 겪지 않는 시기가 곧 찾아올 것으로 전망된다.

특히 구글은 자동 번역 시스템에 머신러닝 기술을 접목해 다중 인공 신경망 기계 번역 시스템(Multilingual Neural Machine Translation system)을 개발하는 중이다. 2016년에 이미 한국어, 영어, 프랑스어, 독일어, 스페인어, 포르투갈어, 터키어, 중국어, 일본어 등 8개 언어에 대한 번역 서비스를 시작했고 점차 더 많은 언어로 확대해 나가고 있다. 또한 제로샷 번역(Zero-Shot Translation) 방식을 적용해 머신러닝을 수행하는 컴퓨터의 작업량을 현저히 줄임으로써 효율성을 높였다. 제로샷 번역 방식이란, 한글을 일본어로 번역하는 경우에 한글을 영어로 번역한 기록과 영어를 일본어로 번역한 기록이 있다면 한-영, 영-일 과정을 생략하고 바로 한-일 번역을 하는 기술을 말한다.

요컨대 온라인 무료 수업인 무크는 대학 교육과 직업 교육 그리고 평생교육에 걸쳐 제4차 산업혁명 시대의 주요 학습원으로 역할을 수행하게 될 것이다. 무크가 제공하는 수업의 주제도 비즈니스나 컴퓨터 사이언스, 데이터 분석, 리더십 등에서 인문·사회 및 의학이나 법률 분야까지 확대되어 원하는 내용은 대부분 무크를 통해 공부할 수 있게 될 전망이다. 무엇보다 머신러닝 기술을 탑재한 자동 번역 시스템의 발달에 힘입어 전 세계 어떤 언어로 제공되는 무크라도 언어의 장벽 없이 수강할 수 있게 될 것이다. 배우고자 하는 의지만 있으면 누구나 언제라도 경제적, 언어적 제약 없이 원하는 지식을 얻을 수 있는 것이다.

디지털 배지로 나를 증명하다

제4차 산업혁명 시대에 지식을 습득하는 과정은 지금까지와는 매우 다르다. 어느 대학이나 기관을 통해 지식을 습득했느냐보다는 어떤 내용을 배웠고 얼마만큼 자신의 것으로 만들었느냐와 같은 학습 내용과 숙련도가 더 중요해진다. 컴퓨터 프로그래밍을 배우기 위해 온라인 무료 수업인 무크(MOOC)를 수강했든지 친구와 함께 프로그래밍 실습을 했든지 상관없이 개인의 컴퓨터 프로그래밍 기술과 감각이 뛰어나기만 하면 능력을 인정받을 수 있다.

이때 우리가 자주 접하게 될 것이 디지털 배지(Digital Badges)이다. 바로 역량 기반 학습의 핵심 요소이기 때문이다. 디지털 배지는 어떤 목적으로 어떻게 구성되느냐에 따라 다양하게 표현할 수 있지만 주로 제4차 산업혁명 시대의 10대 핵심 역량과 개인의 각 업무별 능력을 시각적으로 보여주는 것이 주된 목적이 될 것이다. 즉 수업을 듣거나 그 밖의 활동을 하면서 각 핵심 역량과 관련된 디지털 배지를 얻고, 이 디지털 배지를 모아서 자신의 역량별 수준을 표시할 수 있게 된다. 또한 업무 능력과 관련된 강의나 훈련을 통해 디지털 배지를 모아 특정 업무 분야에 대한 자신의 숙련도를 보여줄 수도 있다.

디지털 배지에 대한 논의가 처음 진행된 곳은 군대였다. 미군에서 전산병이나 측지 장교로 수년에서 10년 넘게 복무하다가 퇴역한 경우 전산이나 측지 분야에서 실제 업무 능력은 매우 높았지만 사회에서 일자리를 구하기는 쉽지 않았다. 사회에서 인정하는 자격증이나 학위가 없었기 때문이다. 이런 문제를 해결하기 위해 고안된 것이 디지털 배지다. 자격증이나 학위가 아닌 실력으로 평가 받을 수 있도록 퇴역 장병들의 업무 능력을 디지털 배지로 보여주고자 했던 것이다.

그런데 실력만으로 평가 받지 못해 어려움을 겪는 사람들이 또 있었다. 바로 대학 학위는 없지만 중학교나 고등학교만 졸업하고 컴퓨터 프로그래밍이나 게임 개발 또는 웹디자인 등 특정 분야에서 활동해 현장 경험이 풍부한 사람들이었다. 이들은 해당 분야에 대한 업무 능력은 뛰어나지만 채용이나 임금 협상 과정에서는 실력이 아니라 자격증이나 학위가 없어 저평가 받는 일이 많았다. 이런 문제를 복합적으로 해결하기 위해 디지털 배지의 개발이 진행되었다.

사실 디지털 배지의 개념은 보이스카우트나 비디오 게임에서 영감을 얻었다. 보이스카우트 단원들은 야영을 마치거나 담력

보이스카우트 배지처럼 역량별 디지털 배지를 모으게 된다.

테스트를 통과하거나 봉사 활동 등을 할 때마다 배지를 하나씩 받는데, 이를 모아 보이스카우트 단원으로서 자신의 역량을 보여주게 된다. 이와 마찬가지로 학습에서 개인의 역량이나 업무능력과 관련한 디지털 배지를 받는 것이다.

디지털 배지의 또 하나의 특징은 비디오 게임처럼 레벨 상승이 가능하다는 점이다. 비디오 게임을 하면서 훈련 과정을 마치거나 게임 스테이지를 성공적으로 완료할 때마다 게임 속 캐릭터의 파워, 경험치, 체력 등이 레벨 상승되는 것과 같이 디지털 배지에서도 배지를 여러 개 모아 상위 단계 배지로 업그레이드하는 것이 가능하다.

다시 말해, 개별적인 형태와 속성을 지닌 배지를 하나하나 모

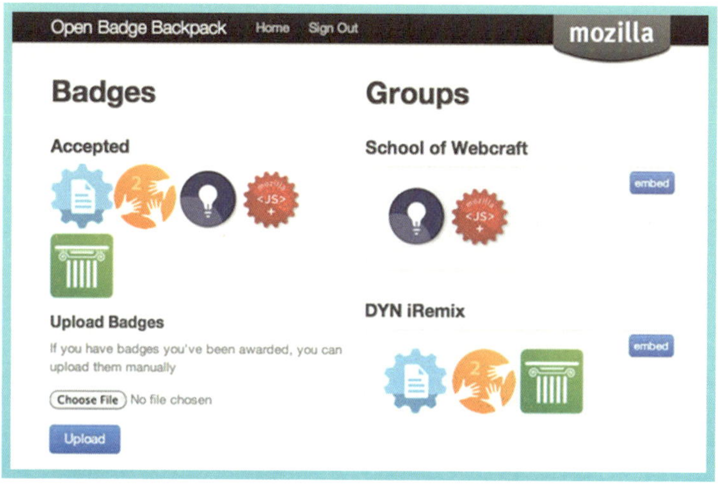

모질라재단이 만든 오픈배지. 백팩에 자신이 얻은 역량 배지를 모아둘 수 있다.

은다는 개념을 도입해 역량이나 업무 능력을 시각화하고 일정한 수의 하위 단계 디지털 배지를 모아 상위 단계의 디지털 배지로 상승할 수 있다는 게임과 유사한 접근법을 씀으로써 학생들이 재미를 느끼며 디지털 배지를 모아 관리할 수 있도록 만든 것이다.

디지털 배지의 대표적 예로 미국의 오픈배지(Open Badges)가 있다. 오픈배지는 인터넷 브라우저 파이어폭스(Fire Fox)를 개발한 모질라재단(Mozilla Foundation)[*]이 자격증이나 학위가 아닌 실력으로

* 자유 소프트웨어 기반의 모질라 프로젝트를 지원하고 이끌기 위해 설립된 비영리 재단. 모질라 소프트웨어의 출시 및 개발을 지휘하고 특정 모질라 개발자를 고용하여 개발 정책을 수립하고 실행하는 데 목적이 있다. 캘리포니아 마운틴뷰에 있으며 웹 브라우저인 모질라 파이어폭스, 모질라 스위트, 모질라 선더버드 등을 개발 지원하고 있다.

인정받는 시스템을 구축하기 위해 맥아더재단(MacArthur Foundation)에서 자금을 지원 받아 2011년에 개발한 디지털 배지 시스템이다. 오픈배지 시스템에는 3가지 핵심 요소가 있다. 즉 배지 획득자(Earner), 배지 발급자(Issuer), 배지 전시자(Displayer)이다. 먼저 배지 획득자는 주로 학생이나 일반 평생학습자를 말한다. 직업 교육을 받거나 온라인 수업을 듣거나 봉사 활동을 할 때나 모든 활동을 통해 역량이나 업무 능력 관련 배지를 받는다. 이렇게 모은 디지털 배지를 오픈배지 백팩(Backpack) 시스템에서 관리하게 된다.

배지 획득자는 백팩에 접속해 각 역량별로 현재까지 자신이 모은 배지를 확인할 수 있고 상위 단계 배지로 레벨 상승하기 위해 몇 개의 배지를 받아야 하는지 등 자신의 배지 현황을 점검할 수 있다. 이를테면 제4차 산업혁명 시대의 10대 핵심 역량 중 각 역량별로 나의 현재 수준을 확인하고 복합 문제 해결 능력을 다음 단계 배지로 레벨 상승하려면 앞으로 3개의 배지를 더 모아야 한다는 식이다.

학교 수업이나 직장에서 업무를 보는 것 외에 과외 수업이나 활동을 해야만 디지털 배지를 획득할 수 있는 것은 아니다. 학교에서도 수업을 통해 역량 관련 배지를 획득할 수 있으며, 직장에서도 해당 업무를 통해 얻을 수 있는 역량이나 업무 능력 관련 배지를 받을 수 있다. 학업이나 직장 업무가 디지털 배지와 잘 연동될 수 있도록 운영하고 있는 것이다.

역량이나 업무 능력을 인증하고 디지털 배지를 발급하는 배

오픈배지 시스템의 원리

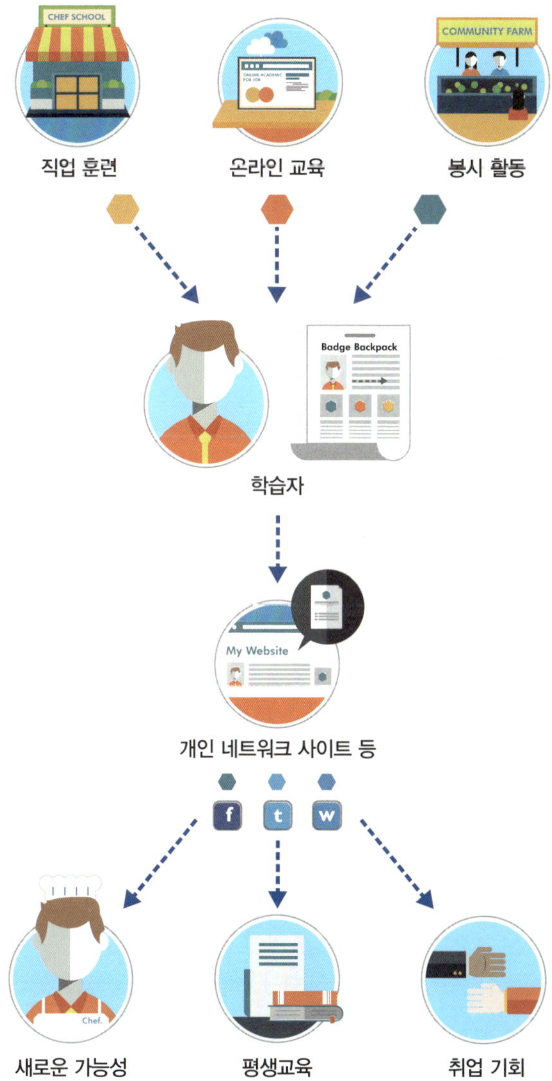
CHEF SCHOOL
COMMUNITY FARM
직업 훈련
온라인 교육
봉시 활동
Badge Backpack
학습자
My Website
개인 네트워크 사이트 등
f
t
w
Chef.
새로운 가능성
평생교육
취업 기회

지 발급자는 개인이나 학교, 학원, 봉사 단체 등 누구나 될 수 있다. 배지 발급자는 개별 활동에 대한 역량이나 업무 능력을 세분화하고 그에 맞는 배지를 결정해 발급할 수 있다. 다만 발급된 배지의 공신력을 확보하기 위해서는 배지 발급자가 어떤 종류의 기관인지, 어떤 내용을 교육하는지, 학생이나 일반 평생학습자가 얻을 수 있는 역량이나 업무 능력은 어떤 것인지 등에 대한 구체적 정보를 공개하고 신청 및 승인 절차를 거쳐야 한다.

오픈배지 시스템은 배지 공유를 목적으로 하기 때문에 배지 전시자는 배지 획득자가 될 수도 있고 배지 발급자가 될 수도 있다. 즉 배지 획득자가 페이스북 같은 소셜네트워크사이트나 자신의 블로그에 획득한 배지를 공유한다면 배지 획득자가 바로 배지 전시자가 되는 것이다. 한편 배지 발급자가 배지를 공유할 공간을 따로 제공한다면 넓은 의미에서 배지 발급자도 배지 전시자가 될 수 있다. 이렇게 공유된 디지털 배지를 통해 개인의 역량과 업무 능력을 확인할 수 있으므로 일자리를 찾거나 새로운 분야로 직업을 이동하고자 할 때, 또는 평생학습을 할 때도 이것을 활용할 수 있다.

미국뿐 아니라 영국, 아일랜드, 이탈리아 등 이미 여러 나라에서 오픈배지 시스템을 적용해 자국 버전의 디지털 배지 시스템을 개발 중이다. 특히 영국의 경우에는 "Badge the UK"라는 프로젝트를 통해 초등 · 중등 · 고등학교 과정에도 디지털 배지를 적용해 운영하고 있다. 학교 수업뿐 아니라 120여 개의 "Badge

오픈배지를 활용한 영국의 Badge the UK 프로젝트

the UK" 공동 회사의 교육 프로그램을 수강하면 디지털 배지를 획득할 수 있는데, 이들 프로그램에는 코딩 클럽이나 게임 디자인 등 아이들이 흥미를 갖고 배우고 싶어하는 주제들이 많이 구성되어 있다. 아이들이 배우고 싶은 주제를 정해 강의를 듣고 디지털 배지를 모으면서 또 한 번 재미를 느끼게 해 공부가 놀이가 되도록 해주는 것이다.

오픈배지 외에도 미국 내의 몇몇 대학은 각 대학별 특성에 맞는 디지털 배지 시스템을 개발해 사용하고 있다. 퍼듀대학교는 '오픈패스포트(Open Passport)'라는 디지털 배지 시스템을 구축해 학생들이 개별 수업에서 디지털 배지를 획득하여 '오픈패스포트' 시스템에서 관리하도록 하고 있다.

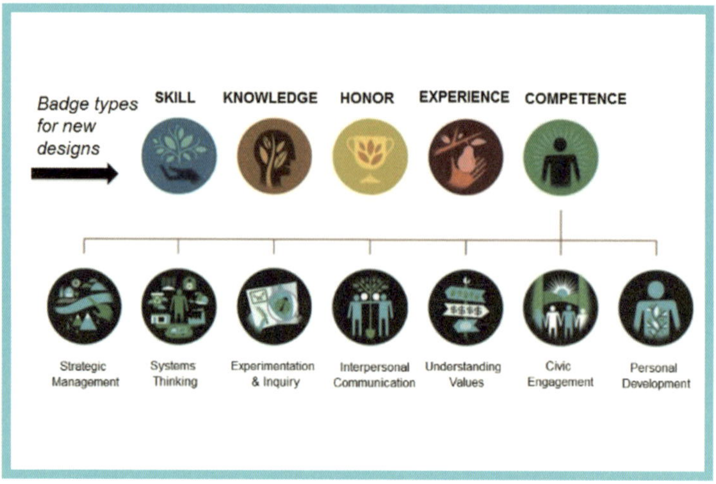

캘리포니아주립대 데이비스캠퍼스의 디지털 배지는 기술, 지식, 명예, 경험, 역량 항목으로 나뉜다.

캘리포니아주립대학교 데이비스캠퍼스의 농과대학에서는 학생들이 수업을 통해 얻을 수 있는 디지털 배지를 크게 기술, 지식, 명예, 경험, 역량으로 나누어 각 하위 항목의 디지털 배지를 획득하도록 하고 있다. 예를 들어 역량의 경우에는 전략적 관리(Strategic Management), 시스템적 사고(Systems Thinking), 대인 커뮤니케이션(interpersonal communication) 등 하위 디지털 배지를 모아서 개인이 성취한 역량의 수준을 나타내는 방식이다.

제4차 산업혁명 시대에는 세계 곳곳에서 현재 진행 중인 디지털 배지 시스템이 융복합되고 연동되어 유럽 여행 중 획득한 디지털 배지나 미국에서 어학연수를 하며 획득한 디지털 배지도 한곳에서 모아 관리할 수 있게 될 전망이다. 또한 유치원부터 초등학교, 중학교, 고등학교, 대학교 그리고 평생교육까지 연결되는 디지털 배지 시스템을 통해 "세 살 '배지' 여든까지 가는 시대"가 될 것이다.

모든 학생이 다 똑같은 수업을 들어야 하는 시대는 이미 지났다. 필수 기초 수업은 다 같이 듣지만 그 밖의 시간에는 수학을 좋아하는 학생은 수학을, 과학을 좋아하는 학생은 과학을, 언어를 좋아하는 학생은 언어를, 미술이나 운동을 좋아하는 학생은 미술이나 운동을, 역사를 좋아하는 학생은 역사를 공부하는 데 더 많은 시간을 쓸 수 있게 되는 것이다. 학생들은 자기가 좋아하고 잘하는 분야에서 더 많은 역량을 개발하고 각자 자기만의 개성과 역량 그리고 능력을 갖추게 될 것이다. 이러한 디지털 배지 시스템은 학교를 졸업하면 끝나는 것이 아니라 평생 동안 공부하거나 일을 하면서 자신의 역량을 꾸준히 관리하게 해준다.

예를 들어 어려서 경제 전문가가 되고 싶었던 민형은 경제 전문가가 되기 위해 갖춰야 할 복합 문제 해결 능력, 비판적 사고 능력 등 여러 역량을 갖추기 위해 초등 · 중등 · 고등학교 과정 동안 경제 관련 수업도 많이 듣고 미국과 유럽 등지에서 활동하는 경제학 전문가들의 무크도 수강하면서 관련 역량 배지를 수집했다. 그런데 고등학교 2학년 때 컴퓨터 프로그래밍과 3D 디자인에 새로운 흥미가 생겼다. 민형은 프로그래머가 되기 위한 수업을 듣고 프로그래밍 연습을 하는 등 다양한 활동을 하며 디지털 배지를 모았고, 결국 프로그래머가 되어 게임 제작 회사에서 자신이 좋아하는 일을 하게 되었다. 그렇게 5년이 지난 어느 날 민형이 교육공학 분야에서 새로운 일을 하고 싶어졌다면 어떻게 해야 할까?

그동안 디지털 배지를 모아왔던 경제학이나 컴퓨터 프로그래밍 분야와는 거리가 너무 멀어서 교육공학 분야로 경력을 옮기는 것이 불가능할까? 아니다. 배지 시스템에 접속하면 그동안 민형이 모은 디지털 배지의 역량별 수준이 보이고 각 업무 영역별 숙련도도 표시된다. 그러면 교육공학 분야에서 일하기 위해 필요한 역량의 종류와 수준, 업무 능력 등을 확인한 다음 새로운 목표를 설정한 뒤 해당 역량과 업무 능력을 갖추기 위한 공부와 활동을 하면서 디지털 배지를 모으면 되는 것이다. 지금까지 모은 디지털 배지가 민형의 각 역량별 수준을 기록하고 있으므로 모든 것을 처음부터 다시 시작하는 게 아니라 부족한 역량만 추가하면 되는 것이다.

네트워크에서 배우다
— 사회적 학습

교육 3.0 이전 시대에 지식을 생산하는 사람은 학자나 교수 등 일부 지식인으로 한정되어 있었다. 정보 통신 기술의 발달과 함께 인터넷이 일상화되고 스마트폰이나 태블릿 PC 등 스마트 기기가 대중화되면서 개인들은 언제 어디서나 정보와 의견, 콘텐츠 등을 활발히 교류하고 공유할 수 있게 되었다. 이른바 1인 미디어 시대가 도래하면서 개인 블로그나 SNS 등을 기반으로 개인이 다양한 콘텐츠를 생산하고 공유하고 확산시키는 속도도 엄청나게 빨라졌다. 그 파급력은 현재 우리가 눈으로 보고 있는 그대로다.

제4차 산업혁명 시대에는 정보의 생산자, 전달자, 소비자의 경계가 무너져 누구나 정보를 생산하고 전달하며 소비할 수 있게 된다. 따라서 끝없이 펼쳐진 정보의 바다 속에서 옥석을 가려 적확한 정보를 찾아내는 능력이 더욱 절실히 필요하다. 또한 정보의 생산자로서 양질의 정보를 생산하는 정보 윤리 의식도 갖춰

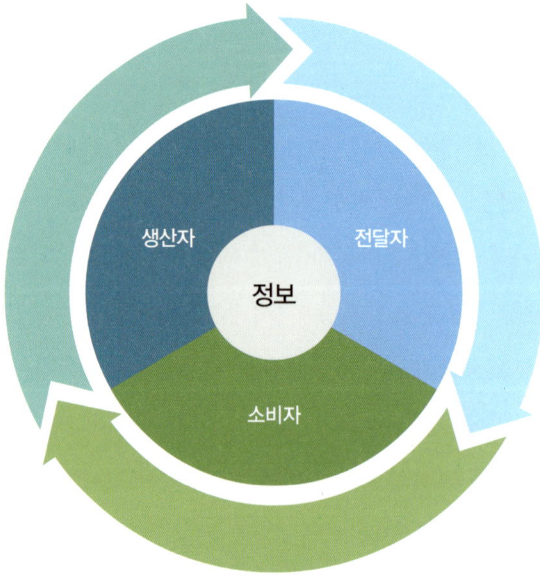
생산자
전달자
정보
소비자

야 한다.

과거에는 정보에 접근하는 것 자체가 제한적이었다. 특정 분야에서 오랫동안 학업을 계속한 학자들은 자신의 연구에 대해 강의를 하였고 학생들이 학습 자료 삼아 그 내용을 구하기도 힘들었던 것이 사실이다. 뉴스 역시 언론을 통해서만 생산되고 전달되어 일반인들은 언론 매체가 전하는 뉴스를 접하는 것이 세상 돌아가는 상황을 알고 정보를 얻는 방법이었다.

제4차 산업혁명 시대가 되면 대중 미디어(Mass media)의 시대에서 개인 미디어(Personal media)의 시대로 변한다. 언론에서 전하는 이야기만 뉴스가 되는 것이 아니라 우리 주변의 사람 사는 이야기가 모두 개인 미디어의 뉴스가 되는 세상이다. 우리가 하루에 얼마나 자주 페이스북 같은 소셜 미디어 사이트나 카카오톡 같은 소셜 미디어 앱에 접속하고 얼마나 오랜 시간을 소비하는지 생각해보면 고개가 끄덕여질 것이다.

전문성과 신속성을 바탕으로 인터넷 매체를 통해 정보를 전하는 1인 미디어의 활동이 그 어느 때보다 활발할 뿐 아니라 1인 미디어 기자나 방송인들이 자신의 재능을 펼칠 수 있도록 방송 활동을 지원하는 MCN(Multi Channel Network, 다중 채널 네트워크)도 지속적으로 생겨나고 있다.

교육에서도 개인이 자신의 전문성과 신속성을 이용해 정보를 생산하고 전달하는 개인 미디어화가 진행되고 있다. 블로그, 소셜 네트워크, 웹페이지, 개인 웹사이트, 정보 공유 사이트 등 다

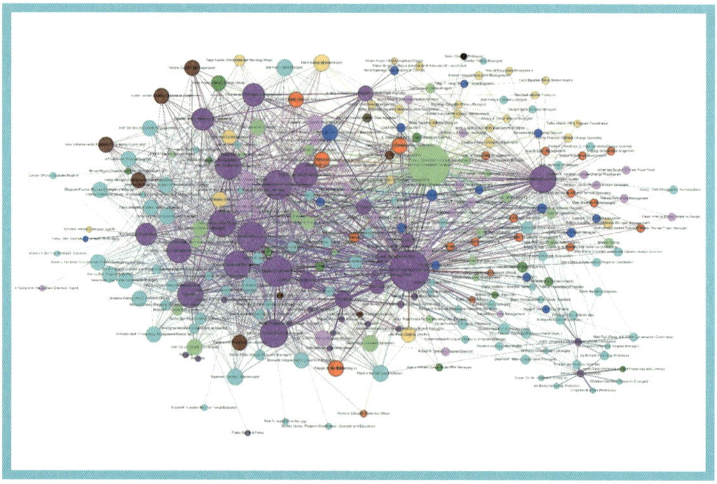

정보 생태계에서 각 개인 간 정보의 이동은 교점과 링크로 표현된다.

양한 매체를 통해 자신이 알고 있는 정보를 전달하는 일이 너무도 쉬워졌다. 따라서 그만큼 가짜 정보도 양산되고 있는 실정이기 때문에 정보를 얼마나 많이 검색할 수 있느냐보다는 얼마나 정확한 정보를 찾아내느냐가 더 중요하게 된다.

캐나다 애서배스카대학교의 조지 지멘스 교수와 캐나다 국가연구위원회의 스티븐 다운스 교수가 2008년에 처음 소개한 연계주의(Connectivism)는 이런 현상을 '정보의 생태계'라고 불렀다. 즉 각 개인은 연결망의 교점(Node)이 되고 개인 간 정보의 이동은 링크(Link)가 되어 교점과 링크가 한없이 이어지는 정보 생태계가 조성된다는 것이다.

이 정보 생태계 안에서 한 개인이 다른 사람에게 정보를 전달하거나 다른 사람의 정보를 소비하는 경우가 많아질수록 각 개인의 교점은 커지고, 두 사람 간 정보를 공유하는 횟수가 많아질수록 두 사람 사이의 링크는 굵어지게 된다. 또한 이런 과정이 계속되면서 신뢰도가 낮은 정보를 제공하는 사람의 교점의 크기나 링크의 굵기는 점점 줄어들게 되고, 반대로 신뢰도가 높은 정보를 제공하는 사람의 교점의 크기나 링크의 굵기는 점점 커지는 자율 정화 시스템이 작동한다.

한편 어느 생태계도 구성원의 참여 없이는 온전한 기능을 수행할 수 없듯이 정보 생태계에서도 구성원의 참여가 중요하다. 각 구성원이 모두 정보의 생산자, 전달자, 소비자가 되어 정보의 선순환에 공헌할 때 정보 생태계는 더욱 커지고 견고해진다. 그런 면에서 제4차 산업혁명 시대에는 사회적 학습(Social learning)의 비중이 더욱 확대될 전망이다. 학교에서 공식 수업을 통해 공부하는 것뿐 아니라 페이스북이나 카카오톡 같은 소셜 미디어를 통해서도 지식을 습득하게 된다.

사실 사회적 학습의 개념이 새로운 것은 아니다. 이미 1963년에 앨버트 밴두러(Albert Bandura)* 교수가 소개한 학습 방법이다. 하지만 밴두러 교수가 소개한 초기의 사회적 학습과 제4차 산업혁

* 미국의 심리학자로 사회학습이론(social learning theory)의 주창자이자 현대 교육심리학 분야의 석학이다. 아이오와대학교 시절 학습이론가인 케네스 스펜스(Kenneth Spence)의 영향을 받아 행동수정이론·관찰학습·자기효능 등에 관해 연구하였다. 미국심리학회에서 우수과학공헌상·손다이크상·심리학상 등을 받았다.

명 시대의 사회적 학습에는 큰 차이가 있다. 밴두러 교수가 이야기한 초기 사회적 학습의 핵심은 관찰과 모방이었다. 즉 선생님이나 친구, 부모와 주변 사람들의 행동이나 언어를 관찰하고 모방하면서 사회적으로 학습하게 된다는 것이다. 반면에 제4차 산업혁명 시대의 사회적 학습은 정보 생태계 안에서 구성원들이 서로 사회적 상호작용을 하는 과정에서 이루어지는 학습에 주목한다. 즉 어느 한쪽만 다른 한쪽의 행동이나 언어를 관찰하고 모방하면서 학습하는 것이 아니라 서로 대화하고 정보를 공유하는 과정을 통해 연결된 정보(Connected information)을 만들어가거나 새로운 정보를 재생산하게 된다는 것이다.

사회적 학습은 언제 어디서든 진행될 수 있다. 지하철을 타고 가다가 페이스북 같은 SNS에서 뉴스피드를 통해 친구들이 올린 정보를 읽는 것도 사회적 학습이고 버스에서 블로그나 개인 웹사이트에 공유된 정보를 찾아보는 것도 사회적 학습의 하나이다. 카페에서 검색 사이트에 접속해 검색 결과 중에서 자신에게 필요한 정보를 선택하여 확인하는 것도 사회적 학습이며, 심지어 집에서 자기 전에 카카오톡과 같은 채팅 앱을 이용해 다른 친구들과 학습 주제와 관련된 얘기를 주고받는 것도 사회적 학습 과정이라고 할 수 있다.

온라인 무료 수업인 무크 강좌를 수강하면서 전 세계 사람들과 자유 토론을 하는 과정도 사회적 학습이며, 복합 문제를 해결하기 위해 서로 다른 분야의 사람들이 모여 그룹 프로젝트를 진행

사회적 학습은 언제 어디서든 진행될 수 있다.

하는 것도 사회적 학습이다. 또한 유럽 여행 중 동영상 공유 사이트인 유튜브에서 유레일패스를 이용하는 방법에 대한 동영상을 시청하는 것도 사회적 학습이다.

사회적 학습이 꼭 온라인상에서 이뤄지는 것만을 말하는 것은 아니다. 수업 시간에 친구들과 모여 그룹 프로젝트 주제에 대해 논의하는 과정도 사회적 학습이며, 비행기 안에서 옆자리에 앉은 사람과 기내에서 상영 중인 영화에 대해 서로 의견을 공유하는 것도 사회적 학습의 한 예라고 할 수 있다. 댄스 동아리에서 축제 때 함께 출 춤 동작을 조율하는 과정도 사회적 학습이라 할 수 있다.

즉 우리가 학습 과정으로 인식하든 인식하지 못하든 이렇게 일상생활 속에서 우리가 다른 사람들과 어울려 하는 모든 온라인 또는 오프라인 행동이 사회적 학습이 될 수 있다. 따라서 제4차 산업혁명 시대에는 "세 사람이 길을 가면 그 가운데 반드시 나의 스승이 있다(三人行必有我師)"라는 《논어》 속 공자의 가르침과 같이 우리 주변의 모든 것이 다 사회적 학습을 나눌 대상이라고 생각하는 관점의 변화가 필요하다.

제4차 산업혁명 시대에는 정보의 생산자, 전달자, 소비자의 경계만 허물어지는 것이 아니라 배움의 장소도 학교의 벽을 넘어 일상 자체가 사회적 학습의 공간이 된다. 또한 직장에서의 업무도 넓은 의미에서 사회적 학습으로 보는 학습에 대한 개방성과 유연성이 요구된다. 결국 시간과 장소가 문제가 아니라 학습 주체인 나 자신이 사회적 학습의 핵심이기 때문이다.

학교 수업만으로 복합 문제 해결 능력, 비판적 사고 능력, 창의력, 인적 자원 관리 능력, 협업 능력, 감성 능력, 판단 및 의사 결정 능력, 서비스 지향성, 협상 능력, 인지적 유연력과 같은 제4차 산업혁명 시대의 10대 핵심 역량을 고루 갖추기는 쉽지 않다. 또한 제4차 산업혁명 시대에 우리가 접할 문제는 정해진 답이 있는 문제가 아니다. 따라서 해결 방안을 모색하는 과정에서도 형식이나 틀에 갇히기보다 모든 가능성을 열어두는 사회적 학습 감각을 기를 필요가 있다.

빅데이터로 나를 증명하다

디지털 시대의 빅데이터는 '원유'에 비유되곤 한다. 기름이 없으면 기기가 돌아가지 않듯, 빅데이터 없이 정보 시대를 보낼 수 없다는 의미에서다. 컴퓨터와 정보 통신 기술의 발달에 힘입어 우리는 상상하기조차 힘든 방대한 양의 빅데이터를 수집하고 분석해서 활용할 수 있게 되었다. 스마트폰이나 태블릿 PC, 유비쿼터스 기기 등을 통해 개인의 행동 패턴과 위치 정보까지 매 순간마다 빅데이터 안에 새로 등록되고 있다. 또한 온라인 상거래, 인터넷 정보 검색, 온라인 수강, 웹사이트 회원 가입, SNS 방문 등 인터넷상에서 우리가 하는 모든 행동도 빅데이터라는 이름의 거대한 데이터베이스 안에 차곡차곡 쌓이게 된다.

빅데이터를 활용하는 방안에 대한 논의는 비즈니스 분야에서 먼저 시작되었다.* 고객이 언제 어떤 물건을 샀고 또 언제 재구매를 했는지 등에 대한 분석을 통해 향후 소비를 예측하고 타깃 마케팅을 실시하기 위해 비즈니스 분석(Business analytics)이란 이름의 빅데이터 분석이 시도되었다. 세계 최대 온라인 쇼핑 사이트 아마존닷컴에서 물건을 구매하는 과정을 예로 들어보자. 서울에 있는 집에서 스마트폰으로 밤 9시에 아마존닷컴 앱에 로그인하여 30분 정도 상품을 검색한 뒤 카드를 이용해 에스프레소 커피머신을 주문했다면 어떤 일이 발생할까?

아마존닷컴은 '한국에 사는 고객이 에스프레소 커피머신을 주문했다'라는 주문 정보 외에 다른 정보에 대한 분석을 시작한다. 첫째, 한국 시간으로 밤 9시 30분에 주문했다는 기록을 통해 해당 고객이 야간에 주로 온라인 쇼핑을 했는지 아니면 보통 낮에 온라인 쇼핑을 하다가 이번에만 야간에 이용한 것인지 등 기존 구매 시간 분석을 통해 고객의 소비자 유형을 정의한다. 또한 고객과 비슷한 소비자 유형군의 다른 고객 중 비슷한 나이 대나 성별, 혹은 지역적 유사점이 있는 고객의 최근 구매 내역을 분석해 해당 고객의 추후 구매 패턴 정보를 업데이트하고 타깃 마케팅을 진행할 상품 목록을 작성한다. 둘째, 아마존닷컴은 고객이 상품을 검색하느라 쓴 30분간의 데이터에 주목한다. 초기 상품 검색 키워드는 어떤 단어를 이용했는지, 맨 처음 본 제품에서 최

* 빅데이터 활용의 선두주자는 특히 검색과 전자상거래 기업으로서 방대한 고객 데이터를 분석해 다양한 마케팅 활동을 하고 있다. 구글의 자동 번역 시스템, IBM의 슈퍼컴퓨터 '왓슨', 아마존의 도서 추천 시스템이 대표적 사례다. 공공 부문도 위험관리시스템, 탈세 등 부정행위 방지, 공공데이터 공개 정책 등 빅데이터를 활용하기 위해 다양한 노력을 기울이고 있다.

종 구매한 제품까지 몇 가지 제품을 보았고 다른 고객의 평을 읽는 데는 몇 분의 시간을 할애했는지, 최종 구매 제품이 고객에게 처음 노출된 후 몇 분 뒤에 구매를 결정했는지 등에 대한 정보를 분석한다. 그리고 고객과 비슷한 순서로 여러 제품을 살펴본 다음 최종적으로 해당 커피머신을 구매한 다른 고객의 구매 패턴 정보까지 종합해 분석한다. 셋째, 커피머신을 주문했던 다른 고객이 커피나 필터 등 커피머신과 연관해 추가로 구매했던 상품 목록을 분석하고 타깃 마케팅을 시작한다.

이렇게 고객이 30분 동안 온라인상에 남긴 발자취는 빅데이터 분석을 통해 가장 효과적이고 효율적인 마케팅 전략을 수립하는 데 도움을 준다. 타깃 마케팅 준비를 마친 아마존닷컴은 이제 고객이 인터넷을 서핑하는 동안 커피나 필터에 관한 광고를 지속적으로 노출시킨다. SNS인 페이스북에 접속해도 커피 광고가 보이고 고객이 주문한 커피머신과 관련된 페이지가 뉴스피드 상단에 나타난다. 심지어 커피를 구매할 때 5% 할인해주는 쿠폰까지 노출해 고객이 아마존닷컴으로 돌아와 구매를 하도록 유도한다.

빅데이터를 활용한 비즈니스 분석의 성공은 교육에도 영향을 미쳐 학습 분석(Learning analytics)이라는 개념이 생겨나게 되었다. 비즈니스 분석에서 빅데이터 분석을 통해 매출을 증가시키듯이 위험군 학생을 조기에 발견하고 학생들의 중도 탈락률을 막는다는 취지로 교육용 빅데이터 분석이 시작되었다. 미국이나 유럽 등지의 여러 대학에서 초기 학습 분석과 관련한 연구를 진행해왔는데, 2009년 퍼듀대학교에서 처음으로 시그널스(Signals)라는 이름의 학습 분석 프로그램을 상용화해 발표했다.

퍼듀대학교의 시그널스는 개강 후 2주 이내에 위험군 학생을 미리 예측하고 학생에게 경고 메시지를 전달한다는 획기적 콘셉트로 교육계에서 뜨거운 관심과 주목을 받았다. 특히 빨강, 파랑, 노랑의 신호등 색깔을 이용해 직관적으로 표현했다는 점에서 호평을 받았다. 학기 초에 학생들의 학기 말 예상 성적을 미리 예측하기 위해 시그널스는 온라인상에서 수집할 수 있는 학습관리시스템(LMS) 접속 정보, 과제물 제출 여부와 제출 시간, 온라인 토론 참여 시간, 학습용 자료 다운로드 횟수 등 온라인 학습 패턴과 관련한 데이터를 분석했다. 그 밖에도 성별, 나이, 학년, 국적, 인종, 경제 수준, 고등학교 성적, 대학입학시험 성적, 직전 학기 성적, 아르바이트 여부 등 기존 문헌 연구를 통해 밝혀진, 학습에 영향을 미치는 100여 가지가 넘는 항목을 함께 분석해 예측 결과의 정확성을 높였다.

그러나 퍼듀대학교의 시그널스 같은 제1세대 학습 분석 프로그램은 한계가 있었다. 학기 시작 후 얼마나 빨리 학생들의 학기 말 성적을 예측할 수 있느냐에 중점을 두다 보니 예측한 결과에 대한 조치에는 신경 쓰지 못한 것이다. 다시 말해, 병원에서 환자를 신속히 진단하는 데에만 초점을 맞춰 정작 진단이 끝난 뒤 어떻게 하면 병을 치료할 수 있는지 처방이 이뤄지지 않은 것과 같다. 따라서 최근 개발 중인 제2세대 학습 분석 프로그램은 조

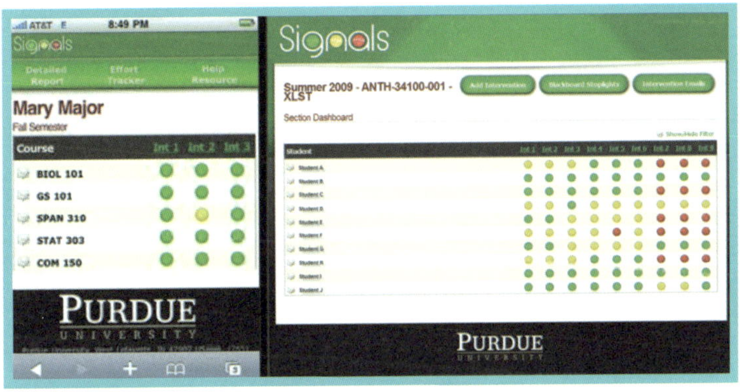

퍼듀대학교 학습 분석 프로그램 시그널스

기 진단과 함께 학습 개선을 위한 교육적 처방에 집중하고 있다.

교육용 빅데이터를 이용한 학습 분석을 어떻게 활용할지 구체적으로 알아보자. 먼저 빅데이터 분석에는 기술적 분석(Descriptive analytics), 진단 분석(Diagnostic analytics), 규범적 분석(Prescriptive analytics), 예측 분석(Predictive analytics) 등 총 4가지 분석 방법이 있다. 첫째 기술적 분석은 매 시간 수집되는 빅데이터 현황을 대시보드에서 보여주는 기초 단계로 보면 된다. 둘째 진단 분석은 이미 수집된 데이터를 분석해 어떤 현상에 대한 원인과 결과를 찾는 과정이다. 셋째 규범적 분석은 진단 분석과 비슷하게 보일 수 있으나 과거 현상에 대한 원인과 결과를 추출하는 데에서 끝나는 게 아니라 분석 결과를 이용해 추후 방향을 제시해주는 분석 방법이다. 마지막으로 예측 분석은 교육용 빅데이터 분석을 통해 위험군 학생을 조기에 발견하듯이 이미 수집된 데이터와 실시간에

기술적 분석
Descriptive
진단 분석
Diagnostic
빅데이터 분석
규범적 분석
Prescriptive
예측 분석
Predictive

수집되는 빅데이터 분석을 통해 미래에 어떤 결과가 발생할 것인지 예측하는 기능을 수행한다.

따라서 제4차 산업혁명 시대에 필요한 인재를 양성하기 위해서는 어느 한 가지 분석 방법에 초점을 맞추는 것이 아니라 4가지 분석 방법을 융복합해 사용함으로써 교육의 과거와 현재, 미래를 동시에 분석하는 통찰이 요구된다. 즉 기술적 분석, 진단 분석, 규범적 분석, 예측 분석 순으로 교육용 빅데이터를 분석하고 그 결과를 토대로 교육적 처방을 한 다음 다시 기술적 분석, 진단 분석, 규범적 분석, 예측 분석을 반복하는 빅데이터 분석 사이클을 거듭하면서 지속적으로 학생들의 학습을 지원하는 작업이 필요하다.

예를 들어 기술적 분석 결과 고위험군 학생을 발견한 경우, 진단 분석을 통해 해당 학생이 무슨 이유로 고위험군이 되었는지 원인을 분석한다. 만약 그 원인이 학업 시간 부족과 수업 주제에 대한 기초 지식 부족, 과제물 제출 마감 시간 초과 등이었다면 규범적 분석을 진행해 진단 분석에서 발견된 원인별로 해당 학생의 유형에는 어떤 교육적 처방을 내려야 하는지 결정하게 된다. 마지막으로 예측 분석에서는 고위험군 학생이 처방대로 공부 시간을 늘리고 수업과 관련한 기초 지식을 공부하고 과제물을 마감 시간 안에 제대로 제출했을 때와 처방대로 하지 않았을 때로 나누어 해당 학생의 학기 말 성적을 예측한다. 또한 이런 과정을 일회성으로 끝내는 것이 아니라 학기 내내 진행하면서

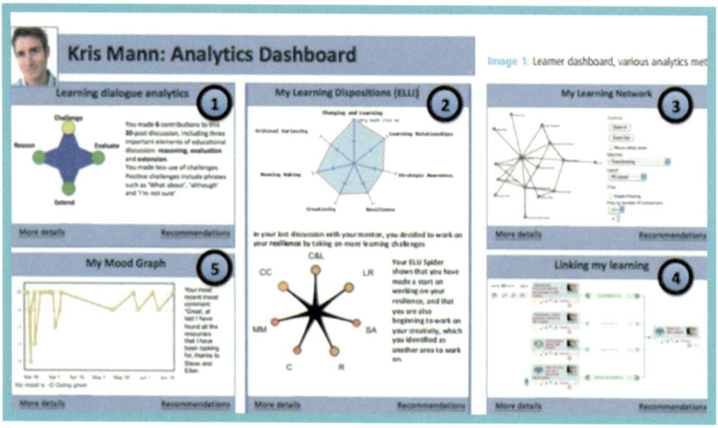

학습 분석 프로그램의 학생용 대시보드

고위험군 학생이 학기 말에 좋은 성적을 얻을 수 있도록 지속적으로 진단과 처방을 거듭한다. 이 과정에서 학습 분석 프로그램은 머신러닝을 통해 보다 정확한 예측과 효과적인 처방을 내릴 수 있게 된다.

지금까지 설명한 교육용 빅데이터 분석이나 학습 분석 프로그램에서 이루어지는 일은 모두 컴퓨터 안에서 진행되기 때문에 우리가 눈으로 확인할 수가 없다. 따라서 학생들에게는 그 결과가 대시보드 형태로 보이게 된다. 또한 이해를 돕기 위해 4단계로 나누어 설명했지만 4가지 빅데이터 분석이 거의 동시에 실시간으로 진행되기 때문에 대시보드에서는 한 화면 안에 종합적으로 표현된다. 즉 학생들이 학습관리시스템(LMS)에 로그인하면 교육용 빅데이터를 분석한 학습 분석 결과가 개인용 대시보드 화면에 나타난다. 이 대시보드를 통해 학생들은 시험이 언제고 과제물 제출이 언제까지인지 등과 같은 교육 일정과 관련된 정보도 확인할 수 있지만 무엇보다 내가 학습해온 과거, 현재, 미래의 모습을 확인할 수 있다. 학생들은 대시보드에서 현재 나의 학습 현황을 점검한 후 이를 개선하기 위해 자신이 중점적으로 해야 할 일이 적혀 있는 학습 처방란의 내용을 확인한다. 그리고 그에 맞춰 새롭게 작성된 학습 계획을 확인한다. 학생들이 한눈에 보기 쉽게 대시보드는 인포그래픽을 이용해 시각적으로 정보를 전달한다. 또 한 번에 너무 무리한 처방을 내려서 개인이 포기해버리는 경우가 생기지 않도록 조금만 노력하면 성취할 수 있는 종류의 처방부터 시작해 단계별로 난이도를 올려가는 방식을 취한다.

미래를 예측한다는 것은 언제나 조심스러운 일이다. 아무리 빅데이터 분석 기술이나 인공지능과 머신러닝 기술이 발달해도 불확실성을 낮추는 데는 한계가 있게 마련이다. 더군다나 학생들의 학업 성취를 미리 예측한다는 것은 비즈니스 분석에서 매출 증가와 같은 결과가 중심이 되는 것이 아니라 학습 과정이 중심이 되어야 한다. 따라서 교육용 빅데이터 분석을 너무 맹신하는 것은 좋지 않다. 단지 학습 분석 결과를 참고하되 보조 자료로 활용하면서 유연하게 대처할 필요가 있다. 학습의 주체는 바로 학생 자신이기 때문이다.

개인별 맞춤 학습의 시대

제4차 산업혁명을 대표하는 사물인터넷(IoT), 인공지능(AI), 머신러닝, 가상현실(VR)과 증강현실(AR) 같은 테크놀로지는 모두 교육에 적용되어 빅데이터를 기반으로 하는 맞춤형 학습(Personalized learning)을 가능하게 할 것이다.

스마트폰과 태블릿 PC, 스마트워치, 자율주행자동차의 실내에 내장된 운전자용 컴퓨터 등 일상생활에서 사용하는 모든 사물인터넷 기기는 무선 인터넷을 통해 하루 24시간 내내 데이터 서버와 연결된다. 지하철을 타고 학교에 가면서 스마트폰으로 동영상 강의를 시청한 기록도 데이터 서버에 전송되고, 집 앞 카페에서 커피를 한잔 마시며 인터넷 검색을 한 정보도 데이터 서버에 전송되어 저장된다.

스마트워치 안에 설치된 앱을 통해 아침에 도서관에 가서 2시간 동안 책을 읽다가 친구들과 만나 점심을 먹은 뒤 학교에 가서 오후 수업을 3시간 동안 듣고 집에 돌아온 하루의 일상이 고스란히 데이터 서버에 전송되어 저장된다. 온라인 도서 구매 사이트에서 리뷰를 읽은 책이나 구매한 책 목록도 데이터 서버에 저장되며 온라인 도서관에서 어떤 전자책(e-book)을 대여했는지 그리고 대여한 전자책을 읽다가 어디에서 멈췄는지 등의 정보도 데이터 서버에 전송되어 저장된다.

온라인 수업을 수강하기 위해 언제 학습관리시스템(LMS)에 로그인했는지, 과제물은 언제 확인했고 관련 자료는 언제 다운로드 받았는지도 데이터 서버에 저장된다. 온라인 수업에서 진행 중인 온라인 토론에 올라온 다른 학생의 글을 몇 개나 읽고 댓글을 몇 개 남겼는지, 실시간 화상 강의로 진행된 수업에는 언제 접속해 얼마나 머물렀는지 등 온라인 수업 안에서 이루어진 모든 행동 정보가 데이터 서버에 저장된다.

온라인 무료 수업인 무크(MOOC) 중 어떤 수업에 등록해 어느 정도까지 수강했는지, 무크 동영상 강의 중 어떤 강의를 시청했는지, 어떤 과제물을 제출했는지 등도 데이터 서버에 전송되어 저장된다. 가상현실 기기를 이용해 어떤 앱을 다운로드 받아 얼마나 오랜 시간 동안 실행했는지, 주말에 어떤 미술관이나 박물관을 방문해 스마트 안경과 증강현실 프로그램을 이용해 어떤 공부를 얼마나 했는지 등 다양한 정보들이 데이터 서버에 전송되어 저장된다. 이렇게 매 순간마다 우리가 사물인터넷 기기를 이용해 실행하는 모든 행동과 발자취는 빅데이터라는 거대한 저장 공간에 차곡차곡 저장되어 쌓인다.

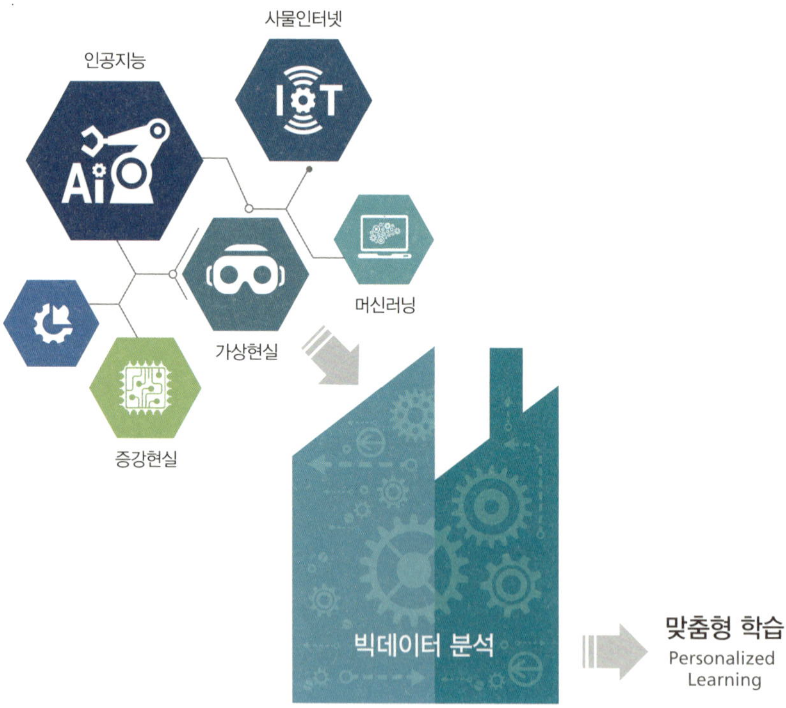
사물인터넷
인공지능
Ai
I T
머신러닝
가상현실
증강현실
빅데이터 분석
맞춤형 학습
Personalized
Learning

일상의 세세한 부분들에 대해서 어마어마한 양의 정보가 매 순간 기록되고 저장되는 제4차 산업혁명 시대를 생각하면 불현듯 '빅브라더(big brother)'*라는 말이 떠오른다. 1949년에 출간된 조지 오웰(George Orwell, 1903~1950)*의 디스토피아 소설 《1984년》에 나오는 빅브라더가 어째서 떠오르는 것일까? 바로 소설 속에서 개인의 일거수일투족을 감시하며 영구적 집권을 계획하는 최고 권력자 빅브라더의 모습이 빅데이터와 비슷하게 느껴지기 때문일 것이다.

하지만 조지 오웰의 소설 속 빅브라더와 제4차 산업혁명 시대의 빅데이터는 행동은 비슷해 보일지 모르지만 그 목적은 전혀 다르다. 조지 오웰의 소설 속 빅브라더가 사람들을 통제하기 위한 수단으로 개인의 일거수일투족을 감시했다면, 제4차 산업혁명 시대의 빅데이터는 사람들을 지원하기 위해 사람들의 행동과 발자취를 기록하고 저장한다. 다시 말해, 제4차 산업혁명 시대의 빅데이터는 개인의 행동과 발자취를 분석해 각 개인에게 가장 알맞은 맞춤형 학습 전략과 방법을 제공하게 해준다.

---

* 정보의 독점으로 사회를 통제하는 관리 권력, 또는 그러한 사회 체계를 일컫는 말로 조지 오웰의 소설 《1984년》에서 처음 비롯되었다. 긍정적 의미로는 선의 목적으로 사회를 돌보는 보호적 감시, 부정적 의미로는 음모론에 입각한 권력자들의 사회 통제의 수단을 말한다. 소설에서 빅브라더는 텔레스크린을 통해 사회를 끊임없이 감시한다. 이는 사회 곳곳에, 심지어는 화장실에까지 설치되어 있어 실로 가공할 만한 사생활 침해를 보여준다.

* 영국 소설가. 러시아 혁명과 스탈린의 배신에 바탕을 둔 정치우화 《동물농장》으로 일약 명성을 얻었으며, 지병인 결핵으로 입원 중 걸작 《1984년》을 완성했다.

개인의 학습 패턴 분석

우선 빅데이터가 가장 먼저 하는 일은 개인의 학습 패턴을 분석하는 것이다. 학습자가 스마트폰과 태블릿 PC, 스마트워치와 사물인터넷 기기를 이용하면서 보인 행동을 통해 개인별 학습 패턴을 분석한다. 단순히 하루 이틀 간의 데이터만 분석하는 것이 아니라 긴 시간 동안 꾸준히 머신러닝하며 보다 정확하게 학습 패턴을 분석한다. 아침 시간에 공부를 하는 게 효과적인 유형인지 아니면 밤 시간에 공부를 하는 게 효과적인 유형인지, 또한 도서관에서 공부하는 것이 효율적인 유형인지 아니면 카페나 집 등 편한 장소에서 공부하는 것이 효율적인 유형인지 분석한다. 혼자 공부할 때 집중력이 높아지고 학습 효과가 향상되는지, 아니면 다른 친구들과 함께 모여 공부할 때보다 학습 동기가 높아져 더 활발히 공부하게 되는지도 분석한다. 인터넷 검색을 하거나 온라인 무료 수업을 들으면서 궁금한 정보를 찾아 공부할 때 더 나은 학습 결과를 얻게 되는지, 아니면 학교에서 선생님의 수업을 듣거나 친구들과 그룹 토론을 하면서 사회적 학습을 할 때 더 좋은 학습 결과가 나왔는지 분석한다. 책은 종이책을 더 많이 읽는 편인지 아니면 전자책을 더 많이 읽는 편인지도 분석한다.

가상현실과 증강현실 프로그램을 이용해 공부할 때 몰입도가 증가하고 보다 나은 학습 경험을 하는 유형인지, 아니면 가상현실과 증강현실 프로그램을 이용하면 오히려 더 낮은 학습 결과를 보이는 유형인지 분석한다. 주중에는 무슨 요일에 가장 많이 공부하고 주말에는 어느 시간대에 집중적으로 공부하는 편인지도 빅데이터를 이용해 분석한다. 결국 맞춤형 교육을 제공하기 위한 빅데이터 분석의 핵심은 학습자 자신이기 때문에 학습자가 스마트폰이나 태블릿 PC, 스마트워치, 사물인터넷 기기를 이용하면서 남긴 발자취를 분석함으로써 개인별 맞춤형 학습 서비스를 제공할 수 있게 된다.

하지만 빅데이터 기반 맞춤형 학습이라고 해서 개인의 발자취만 분석하는 것은 아니다. 빅데이터 안에 저장된 수백, 수천 명의 발자취 중 성별, 지역, 전공, 학력 등 세부 항목별로 비슷한 학습자군에 속하는 데이터를 분석해 개인의 상대적 경향도 분석한다. 예를 들어, 한 학습자가 오전 9시부터 11시까지 2시간, 오후 2시부터 3시까지 1시간 동안 가장 활발히 공부했다고 해서 해당 학습자를 오전형 학습자로 단정 지을 수는 없다. 비슷한 유형의 다른 학습자들의 데이터를 분석한 결과 평균적으로 오전 5시부터 11시까지 6시간을 공부하고 오후에는 공부를 하지 않은 것으로 밝혀졌다면 해당 학습자는 상대적으로 오후형 학습자도 될 수 있는 것이다.

개인의 학습 현황 분석

다음으로 빅데이터는 개인 학습자가 정한 학습 목표를 토대로 개인의 학습 현황을 분석한다. 교실에서 수업을 들었든, 온라인 무료 수업인 무크(MOOC)를 들었든, 아니면 유튜브에서 누군가 올린 동영상을 시청했든 수업의 형태에 상관없이 각 학습 활동에서 얻은 결과를 종합적으로 분석해 학습 목표별 달성 여부와 현황을 파악한다.

또한 학습 매체별로 학습 결과를 종합해 개인의 학습 현황을 분석한다. 교실에서 선생님이 진행하는 수업을 듣거나 가상현실이나 증강현실 프로그램을 이용해 공부를 하거나, 학습관리시스템(LMS)을 이용해 온라인 수업을 듣거나 학습 매체와 상관없이 모든 학습 활동의 결과는 빅데이터 안에 수집되고 저장되어 분석된다.

한편 개인의 학습 목표는 수행 중심 목표와 역량 중심 목표로 나누어 달성 여부와 현황을 분석한다. 각 교과목에서 출석이나 시험 성적 등을 토대로 수행 중심 목표의 달성 여부와 현황을 분석한다. 반면에 역량 중심 목표의 경우에는 수업에서 얻거나 또는 다른 학습 활동을 끝냈을 때 얻게 되는 역량을 모아 역량 중심 목표의 달성 여부와 현황을 파악하게 된다.

맞춤형 학습 전략 및 방법 제시

마지막으로 빅데이터는 개인의 학습 패턴과 학습 현황을 분석한 결과를 토대로 개인별 맞춤형 학습 전략과 방법을 제시한다. 분석 결과 오전 자율형 학습자라면 오전 시간대에 카페와 같은 공간에서 공부를 하는 전략을 제시하고 반대로 오후 집중형 학습자라면 오후 시간대에 도서관에 가서 공부하는 방법을 제안

빅데이터 기반의 맞춤형 학습에서는 사람마다 출발선과 도착선이 다르다.

한다.

학습자가 정한 학습 목표를 달성하기 위해 학교 수업이나 워크숍, 무료 온라인 수업인 무크나 유튜브 비디오 등 가장 효과적이고 효율적인 방법을 제안한다. 학기별로 학사 일정이 정해진 수업을 듣는 경우에는 각 과제의 마감일이나 시험 날짜를 미리 알려줌으로써 학습자가 학습 유형에 맞춰 충분한 시간을 갖고 준비할 수 있도록 관리해준다.

그런데 빅데이터에 기반을 둔 맞춤형 학습의 핵심은 바로 모든 사람은 출발선과 도착선이 각각 다르다는 인식에서 출발한다. 사람들마다 각자 자신의 학습 목표를 설정하기 때문에 한 교실 내의 어떤 학생도 같은 출발선상에 서지 않는다. 각 개인마다 중점을 둔 역량이 다르고 기존에 성취한 역량별 단계도 다르기 때문에 같은 수업이나 같은 학습 활동을 한다고 해도 역량 중심 목표가 다르게 된다. 해당 수업 내에서 달성해야 하는 학습 목표뿐만 아니라 개별 학습자의 과거 학습 성과와 미래 학습 계획에 맞춰 연계하여 수행 중심 목표를 설정하기 때문에 수행 중심 목표 역시 학습자마다 차이를 보이게 된다.

이렇게 서로 다른 출발선상에서 시작한 사람들은 학습 활동을 마친 후 서로 다른 도착선에 도달하게 된다. 단순히 다른 곳에서 시작하기 때문에 도착선이 달라지는 것만은 아니다. 사람들마다 성취하고자 하는 목표 수준이 다르기 때문이기도 하다. 즉 모든 사람이 한 수업에서 100점 만점을 목표로 하지 않는다는 것이다. 어떤 사람은 80점을 목표로 세우고, 그것을 성취하면 학습 목표를 달성한 셈이 된다. 모든 사람이 100점을 목표로 정하도록 하고 목표를 달성하지 못한 사람은 뒤처져 있다고 생각하게 만드는 것이 아니라, 사람들 각자 자신이 원하는 목표를 정하고 하나 하나 달성해가면서 성취감을 느끼고 자신감과 학습 동기가 향상될 수 있도록 하는 것이 빅데이터에 기반을 둔 맞춤형 학습 방식인 것이다.

사람마다 각자 다른 개성과 특성을 가지고 있음에도 똑같은 학습 목표를 정하고 이를 성취하기 위해 한 교실에서 같은 내용을 배우고 암기하고 동일한 시험을 통해 평가하는 공장식 대량생산 같은 교육 방식은 이제 바뀌어야 한다. 낡은 방식으로는 제4차 산업혁명을 주도해 나갈 21세기형 인재를 양성하기 어렵다. 자기만의 학습 목표를 세우고 교육용 빅데이터 분석을 통해 자신의 학습 현황을 정확히 파악하고 자신에게 가장 효과적이고 효율적인 학습 방법을 찾아 공부할 수 있도록 지원하는 것이야말로 다음 시대의 새로운 교육 패러다임이 될 것이다. 빅데이터에 기반을 둔 맞춤형 교육 시스템에서는 빅데이터가 헬스클럽의 개인 트레이너처럼 개인이 최상의 학습 경험을 얻을 수 있도록 안내하는 교육 트레이너로서 역할을 수행하게 될 것이다.

에필로그

제4차 산업혁명에 대처하는 우리의 자세

제4차 산업혁명 시대가 우리 눈앞까지 들이닥쳤다. 아니, 어쩌면 우리는 이미 제4차 산업혁명 시대를 살고 있는지도 모른다. 우리가 원하든 원치 않든 제4차 산업혁명이라는 판도라의 상자는 이미 열린 셈이다. 《그리스 신화》에 나오는 판도라는 대장장이의 신 헤파이스토스가 제우스의 명을 받아 창조해낸 여자 인간이다. 판도라는 제우스에게 상자 하나를 선물로 받는데, 절대 열어보지 말라는 제우스의 경고를 무시한 채 자신의 호기심을 이기지 못해 상자를 열게 된다. 그 결과 상자 안에서 질병과 질투, 시기와 욕심 등 온갖 나쁜 것들이 빠져 나와 근심 걱정 없이 평화롭던 세상이 삽시간에 혼돈과 무질서 속으로 빠져든다.

제4차 산업혁명을 맞이하는 우리의 모습은 흡사 《그리스 신화》에 나오는 판도라의 이야기와 겹친다. 2016년 1월 세계경제포럼에서 제4차 산업혁명이란 말이 처음 등장한 이래 사물인터넷과 빅데이터, 인공지능, 머신러닝, 가상현실과 증강현실, 3D 프린팅, 융복합, 생명공학과 바이오 등 제4차 산업혁명을 대표하는 용어들이 각종 인터넷 포털의 검색어 상위를 차지하고 있다.

그런데 기억을 되살려보자. 판도라의 상자에서 제일 마지막에 나온 것은 무엇일까? 바로 희망이다. 질병과 질투, 시기와 욕심 등이 아무리 인간을 괴롭혀도 희망이 늘 함께했기에 인간은 오늘날까지 번성할 수 있었던 것이다. 제4차 산업혁명도 마찬가지일 것이다. 스스로 생각하고 학습하는 인공지능 로봇이 사람의 노동력을 대체하고 심지어 인류에 위협이 될 것이라는 막연한 불안감과 우려가 사람들 사이에 팽배해 있다. 하지만 제4차 산업혁명이 어떤 모습으로 다가오든 우리에게는 희망이 있고 그 희망은 바로 사람이라는 사실을 잊지 말아야 한다. 로봇이 대체할 노동 집약적이고 기술 중심적인 일자리를 걱정하는 데에서 벗어나 새로운 산업과 아이디어를 끊임없이 창출해 나가는 21세기형 인재를 양성하는 데 집중해야 한다.

제4차 산업혁명 시대의 도래를 처음 선포한 세계경제포럼은 '일자리의 미래' 보고서를 통해 제4차 산업혁명 시대의 인재가 갖춰야 할 10대 핵심 역량을 발표했다. 즉 친절하게도 문제와 함께 해답도 건네준 것이다. 바로 이것이 우리가 교육의 변화에 주목해야 하는 이유이다. 그러면 제4차 산업혁명 시대에 대비해 우리가 해야 할 일은 무엇일까?

학습자의 변화

첫째, 디지털 원주민들의 특성을 인지해야 한다. 디지털 원주민은 정보와 미디어 활용에 능숙하기 때문에 아날로그 방식으로 사고하기보다 디지털 방식으로 사고한다. 자기 주도형 학습자라서 교수자의 일방적인 수업보다는 자기가 관심이 있거나 공부하고 싶은 학습 동기가 높을 때 스스로 공부하는 것을 즐긴다. 답이 없는 복합 문제를 해결하는 도전을 즐기고 혁신적이고 비판적으로 사고한다. 또 지식이나 정보의 반감기가 갈수록 짧아지기 때문에 디지털 원주민들은 일시적인 학습이 아니라 평생 학습을 통해 배움을 계속해간다. 융복합 환경에 익숙해 다른 분야 사람들과 협업하고 의사소통하는 것에 익숙하며 글로벌 감각을 갖추고 있다.

교육 환경의 변화

둘째, 교육 환경의 변화를 인식해야 한다. 제4차 산업혁명 시대에는 인공지능와 머신러닝 기술을 이용해 스스로 학습하며 정보를 정교화하는 로봇 교사가 등장하게 된다. 가상현실과 증강현실 기술이 교육에 도입되어 실제보다 실감나는 가상 및 증강현실을 이용한 체험 교육을 진행하게 될 것이다. 빅데이터를 활용한 학습 분석을 이용해 위험군 학생을 조기에 발견하여 보다 나은 학습 결과를 얻을 수 있도록 체계적인 관리와 지원을 제공하게 된다. 또한 개인의 학습 패턴, 효율적인 학습 방법, 학습 현황 등을 분석해 맞춤형 교육을 제공하게 될 것이다. 특히 경제 분야에서 활용되던 블록체인 기술이 교육에도 적용되어 학교에서 듣는 수업뿐 아니라 회사에서 하는 직무도 학습으로 인정되고 학력 검증 방식도 변하게 된다.

교육 방법의 변화

셋째, 교육 방법의 변화를 인지해야 한다. 제4차 산업혁명 시대에는 21세기 핵심 역량을 기르는 다양한 교육 방법이 도입된다. 교수자 중심 수업에서 학습자 중심 수업으로 변화하고 멀티미디어를 활용한 수업이 보편화된다. 수업의 개인화가 이루어져 한 교실 안에서 함께 수업을 받더라도 각각의 학생별로 학습 목표도 다르고 학습 결과도 다르게 된다. 새롭고 불분명한 문제를 풀어가면서 창의력과 상상력을 키우는 창의 수업이 진행되고, 학생들의 역량을 강화하기 위한 수업을 설계하고 수업 후에는 학생들이 획득한 역량을 평가하는 역량 기반 수업이 일반화된다. 또한 토론과 체험 그리고 협업을 중심으로 한 교육법이 확대된다. 감성 디자인을 기반으로 한 게임화, 게임 기반 학습, 놀이 학습도 널리 확대된다.

학습법의 변화

넷째, 학습법의 변화에 대해 인지해야 한다. 제4차 산업혁명 시대에는 한 시간 단위 수업이 아니라 90초 미만으로 구성된 강의를 통해 공부하는 마이크로러닝이 대세를 이룰 전망이다. 단순한 지식이나 정보는 동영상 강의를 들으며 공부하고 수업에서는 주제 토론과 심화 학습이 이루어지게 된다. 온라인 무료 수업인 무크(MOOC)와 자동 번역 기능을 이용해 전 세계 각 분야 전문가들의 강의를 직접 듣고 공부할 수도 있다. 매 학습 활동마다 직무 역량 및 일반 역량과 관련된 디지털 배지를 부여 받아 유치원과 초등 · 중등 · 고등학교 그리고 대학 및 평생교육 과정까지 지속적이고 체계적으로 학습과 경력을 관리할 수 있게 된다. 또한 정보 생태계 속에서 정보의 생산자, 전달자, 소비자의 구분이 없어지고 사회적 학습을 하게 된다. 사람과 사람이 촘촘히 연결된 정보의 망 안에서 각 개인별 지식의 생산, 전달, 소비 과정은 교점과 링크로 표시되어 사회적 학습의 중심이 된다.

지피지기백전불태(知彼知己百戰不殆), 상대를 알고 나를 알면 백 번 싸워도 위태롭지 않다고 했다. 제4차 산업혁명이 교육에 미칠 변화만 제대로 알고 있어도 우리의 대처 방법은 크게 달라질 것이다. 무엇보다 제4차 산업혁명 시대를 이끌어 나갈 인재가 되기 위해서는 자기 자신을 먼저 돌아볼 필요가 있다. 내가 가장 잘하는 일은 무엇이고, 내가 가장 좋아하는 일은 무엇일까. 나의 장점과 단점, 나의 꿈과 목표 등에 대해 충분한 시간을 갖고 되돌아보자. 그렇게 하는 것만으로도 새로운 시대에 필요한 인재가 되기 위한 첫걸음을 떼는 것이다.

가보지 못한 길은 불확실성으로 우리를 늘 불안하게 한다. 하지만 우리가 미리 들여다본 교육의 변화가 제4차 산업혁명으로 가는 길을 환히 밝히는 가로등이 되어줄 것이다. 미리 준비하는 사람에게 제4차 산업혁명은 더 이상 위기의 문이 아니다. 우리 앞에 놓인 기회의 문을 활짝 열고 힘찬 발걸음을 내딛어보자.